junie b. jones®

주니 B. 존스의 침대 아래에는 괴물이 산다

by **BARBARA PARK**

illustrated by

Denise Brunkus

CONTENTS

세상에서 가장 엉뚱하고 재미있는 아이, 주니 B. 존스의 좌충우돌 성장기!

『주니 B. 존스(Junie B. Jones)』 시리즈는 호기심 많은 개구쟁이 소녀 주니 B.가 일상에서 마주하는 다양한 상황을 재치 있게 담고 있습니다. 주니 B.는 언제나 자신의 감정을 솔직하게 표현하며, 재미있는 생각이 떠오르면 주저없이 실행에 옮기는 적극적인 여섯 살 소녀입니다. 이렇게 유쾌하고 재기 발랄한 주니 B. 존스의 성장기는 지금까지 전 세계적으로 6천 5백만 부 이상 판매되며 수많은 독자들에게 사랑받았고, 연극과 뮤지컬로 제작되기도 했습니다.

저자 바바라 파크(Barbara Park)는 첫 등교, 친구 관계, 동생에 대한 고민 등과 같이 일상 속 다양한 상황에서 아이들이 느끼는 감정을 그들의 시선으로 탁월하게 묘사했습니다. 특히 아이들이 영어로 말할 때 저지르기 쉬운 실수도 자연스럽게 녹여 내어, 이야기에 더욱 공감하게 합니다.

이러한 이유로『주니 B. 존스』 시리즈는 '엄마표 영어'를 진행하는 부모님과 초보 영어 학습자에게 반드시 읽어야 할 영어원서로 자리 잡았습니다. 친근한 어휘와 쉬운 문장으로 쓰여 있어 더욱 몰입하여 읽을 수 있는『주니 B. 존스』 시리즈는 영어원서가 친숙하지 않은 학습자들에게도 즐거운 원서 읽기 경험을 선사할 것입니다.

퀴즈와 단어장, 그리고 번역까지 담긴 알찬 구성의 워크북!

이 책은 영어원서『주니 B. 존스』 시리즈에, 탁월한 학습 효과를 거둘 수 있도록 다양한 콘텐츠를 덧붙인 책입니다.

- 영어원서: 본문에 나온 어려운 어휘에 볼드 처리가 되어 있어 단어를 더욱 분명히 인지하며 자연스럽게 암기하게 됩니다.
- 단어장: 원서에 나온 어려운 어휘가 '한영'은 물론 '영영' 의미까지 완벽하게 정리되어 있으며, 반복되는 단어까지 표시하여 자연스럽게 복습이 되도록 구성했습니다.
- 번역: 영어와 비교할 수 있도록 직역에 가까운 번역을 담았습니다. 원서 읽기에 익숙하지 않은 초보 학습자도 어려움 없이 내용을 파악할 수 있습니다.
- 퀴즈: 챕터별로 내용을 확인하는 이해력 점검 퀴즈가 들어 있습니다.

『주니 B. 존스』, 이렇게 읽어 보세요!

● **단어 암기는 이렇게!** 처음 리딩을 시작하기 전, 해당 챕터에 나오는 단어를 눈으로 쭉 훑어봅니다. 모르는 단어는 좀 더 주의 깊게 보되, 손으로 쓰면서 완벽하게 암기할 필요는 없습니다. 본문을 읽으면서 이 단어를 다시 만나게 되는데, 그 과정에서 단어의 쓰임새와 어감을 자연스럽게 익히게 됩니다. 이렇게 책을 읽은 후에, 단어를 다시 한번 복습하세요. 복습할 때는 중요하다고 생각하는 단어들을 손으로 쓰면서 꼼꼼하게 외우는 것도 좋습니다. 이런 방식으로 책을 읽다 보면, 많은 단어를 빠르고 부담 없이 익히게 됩니다.

● **리딩할 때는 리딩에만 집중하자!** 원서를 읽는 중간중간 모르는 단어가 나온다고 워크북을 들춰 보거나, 곧바로 번역을 찾아보는 것은 매우 좋지 않은 습관입니다. 모르는 단어나 이해가 가지 않는 문장이 나온다고 해도 펜으로 가볍게 표시만 해 두고, 전체적인 맥락을 잡아 가며 빠르게 읽어 나가세요. 리딩을 할 때는 속도에 대한 긴장감을 잃지 않으면서 리딩에만 집중하는 것이 좋습니다. 모르는 단어와 문장은, 리딩이 끝난 후에 한꺼번에 정리하는 '리뷰' 시간을 통해 점검합니다. 리뷰를 할 때는 번역은 물론 단어장과 사전도 꼼꼼하게 확인하면서 왜 이해가 되지 않았는지 확인해 봅니다.

● **번역 활용은 이렇게!** 이해가 가지 않는 문장은 번역을 통해서 그 의미를 파악할 수 있습니다. 하지만 한국어와 영어는 정확히 1:1 대응이 되지 않기 때문에 번역을 활용하는 데에도 지혜가 필요합니다. 의역이 된 부분까지 억지로 의미를 대응해서 암기하려고 하기보다, 어떻게 그런 의미가 만들어진 것인지 추측하면서 번역은 참고 자료로 활용하는 것이 좋습니다.

● **2~3번 반복해서 읽자!** 영어 초보자라면 2~3회 반복해서 읽을 것을 추천합니다. 초보자일수록 처음 읽을 때는 생소한 단어와 스토리 때문에 내용 파악에 급급할 수밖에 없습니다. 하지만 일단 내용을 파악한 후에 다시 읽으면 어휘와 문장 구조 등 다른 부분까지 관찰하면서 조금 더 깊이 있게 읽을 수 있고, 그 과정에서 리딩 속도도 빨라지고 리딩 실력을 더 확고하게 다지게 됩니다.

● **'시리즈'로 꾸준히 읽자!** 한 작가의 책을 시리즈로 읽는 것 또한 영어 실력 향상에 큰 도움이 됩니다. 같은 등장인물이 다시 나오기 때문에 내용 파악이 더 수월할 뿐 아니라, 작가가 사용하는 어휘와 표현들도 자연스럽게 반복되기 때문에 탁월한 복습 효과까지 얻을 수 있습니다. 『주니 B. 존스』 시리즈는 현재 8권, 총 52,646단어 분량이 출간되어 있습니다. 시리즈를 꾸준히 읽다 보면 영어 실력도 자연스럽게 향상될 것입니다.

영어원서 본문 구성

내용이 담긴 본문입니다.
원어민이 읽는 일반 원서와 같은 텍스트지만, 암기해야 할 중요 어휘는 볼드체로 표시되어 있습니다. 이 어휘들은 지금 들고 계신 워크북에 챕터별로 정리되어 있습니다.

학습 심리학 연구 결과에 따르면, 한 단어씩 따로 외우는 단어 암기는 거의 효과가 없다고 합니다. 대신 단어를 제대로 외우기 위해서는 문맥(Context) 속에서 단어를 암기해야 하며, 한 단어 당 문맥 속에서 15번 이상 마주칠 때 완벽하게 암기할 수 있다고 합니다.

이 책의 본문은 중요 어휘를 볼드로 강조하여, 문맥 속의 단어들을 더 확실히 인지(Word Cognition in Context)하도록 돕고 있습니다. 또한 대부분의 중요한 단어는 다른 챕터에서도 반복해서 등장하기 때문에 이 책을 읽는 것만으로도 자연스럽게 어휘력을 향상시킬 수 있습니다.

또한 본문에는 내용 이해를 돕기 위해 '각주'가 첨가되어 있습니다. 각주는 굳이 암기할 필요는 없지만, 알아 두면 내용을 더 깊이 있게 이해할 수 있어 원서를 읽는 재미가 배가됩니다.

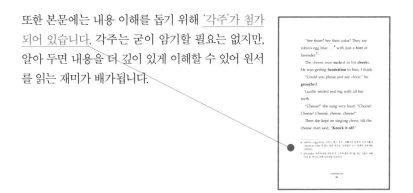

워크북(Workbook)의 구성

Check Your Reading Speed
해당 챕터의 단어 수가 기록되어 있어, 리딩 속도를 측정할 수 있습니다. 특히 리딩 속도를 중시하는 독자는 유용하게 사용할 수 있습니다.

Build Your Vocabulary
본문에 볼드 표시되어 있는 단어가 정리되어 있습니다. 리딩 전, 후에 반복해서 보면 원서를 더욱 쉽게 읽을 수 있고, 어휘력도 빠르게 향상됩니다.

단어는 〈빈도 − 스펠링 − 발음기호 − 품사 − 한국어 뜻 − 영어 뜻〉 순서로 표기되어 있으며 빈도 표시(★)가 많을수록 필수 어휘입니다. 반복해서 등장하는 단어는 빈도 대신 '복습'으로 표기되어 있습니다. 품사는 아래와 같이 표기했습니다.

n. 명사 | a. 형용사 | ad. 부사 | v. 동사
conj. 접속사 | prep. 전치사 | int. 감탄사 | idiom 숙어 및 관용구

Comprehension Quiz
간단한 퀴즈를 통해 읽은 내용에 대한 이해력을 점검해 볼 수 있습니다.

번역
영문과 비교할 수 있도록 최대한 직역에 가까운 번역을 담았습니다.

이 책의 수준과 타깃 독자

- **미국 원어민 기준**: 유치원 ~ 초등학교 저학년
- **한국 학습자 기준**: 초등학교 저학년 ~ 중학생
- **영어원서 완독 경험이 없는 초보 영어 학습자** (토익 기준 450~750점대)
- **비슷한 수준의 다른 챕터북**: Arthur Chapter Book, Flat Stanley, The Zack Files, Magic Tree House, Marvin Redpost
- **도서 분량**: 약 6,000단어

아이도 어른도 재미있게 읽는 영어원서를
〈롱테일 에디션〉으로 만나 보세요!

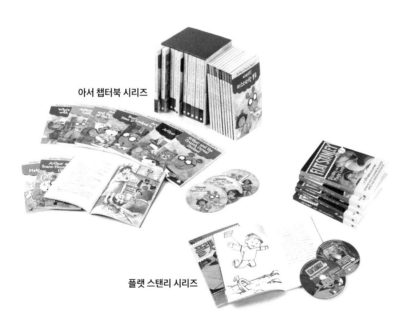

아서 챕터북 시리즈

플랫 스탠리 시리즈

Chapter
1

1. Why didn't Junie B. want to say *cheese*?

   A. She thought that it would make her laugh.

   B. She did not think that it would make her smile.

   C. She did not eat cheese for lunch that day.

   D. She did not see any cheese in the room.

2. Why did Junie B. get mad at the cheese man?

   A. He forgot to take her picture.

   B. He would not let her see her pictures.

   C. He took too many pictures of her.

   D. He took her picture when she was not ready.

3. **What did Lucille think about herself?**

    A. She did not say *cheese* well.

    B. She should buy her own camera.

    C. She was good at taking pictures.

    D. She could never be a model.

4. **According to Paulie Allen Puffer, what was true about monsters?**

    A. They were under everyone's bed.

    B. They were not that scary.

    C. They came out during the day.

    D. They made loud sounds.

5. **Why did Paulie Allen Puffer think that monsters were real?**

    A. His brother would never lie to him.

    B. He had seen a real monster before.

    C. His parents were scared of monsters, too.

    D. Monsters sometimes drooled on pillows.

1분에 몇 단어를 읽는지 리딩 속도를 측정해 보세요.

$$\frac{1,110 \text{ words}}{\text{reading time (} \quad \text{) sec}} \times 60 = (\quad) \text{ wPM}$$

Build Your Vocabulary

stand for idiom 나타내다; 옹호하다
If one or more letters stand for a word or name, they are the first letter or letters of that word or name and they represent it.

‡ **except** [iksépt] conj. ~이지만, ~라는 점만 제외하면; prep. ~ 외에는; v. 제외하다
You can use except to introduce a statement that makes what you have just said seem less true or less possible.

that's all idiom 그게 다이다, 그뿐이다
You can say 'that's all' at the end of a sentence when you say that there is nothing more involved than what you have mentioned.

‡ **grade** [greid] n. 학년; 품질; 등급; v. 성적을 매기다; (등급을) 나누다
In the United States, a grade is a group of classes in which all the children are of a similar age.

kindergarten [kíndərgàːrtn] n. 유치원
A kindergarten is a school or class for children aged 4 to 6 years old. It prepares them to go into the first grade.

⋆ **cafeteria** [kæfətíəriə] n. 구내식당
A cafeteria is a restaurant in public buildings where you choose your food from a counter and take it to your table after paying for it.

racket [rǽkit] n. 부정한 돈벌이; 시끄러운 소리; (테니스 등의) 라켓
You can refer to an illegal activity used to make money as a racket.

dinosaur [dáinəsɔ̀:r] n. 공룡
Dinosaurs were large reptiles which lived in prehistoric times.

‡**smooth** [smu:ð] v. 매끈하게 하다, 반듯하게 펴다; a. 매끈한; 부드러운; (소리가) 감미로운
If you smooth something, you move your hands over its surface to make it smooth and flat.

★**giggle** [gigl] v. 킥킥거리다, 피식 웃다; n. 킥킥거림, 피식 웃음
If someone giggles, they laugh in a childlike way, because they are amused, nervous, or embarrassed.

‡**swallow** [swálou] v. (음식 등을) 삼키다; 마른침을 삼키다; n. 삼키기; [동물] 제비
If you swallow something, you cause it to go from your mouth down into your stomach.

turn out idiom ~인 것으로 드러나다; 되어 가다; 나타나다
If things turn out, they are discovered or they prove to be the case finally and surprisingly.

all of a sudden idiom 갑자기
If something happens all of a sudden, it happens quickly and unexpectedly.

★**click** [klik] v. 찰칵 하는 소리를 내다; 이해가 되다; n. 찰칵 (하는 소리)
If something clicks or if you click it, it makes a short, sharp sound.

‡**stamp** [stæmp] v. (발을) 구르다; 쾅쾅거리며 걷다; (도장 등을) 찍다; n. (발을) 쿵쾅거리기; 도장
If you stamp or stamp your foot, you lift your foot and put it down very hard on the ground, for example because you are angry.

‡**settle** [setl] v. 진정되다, 진정시키다; (논쟁 등을) 해결하다; 자리를 잡다
(settle down idiom 진정하다)
If you settle down, or if you make someone settle down, you become quiet and calm, or to make them quiet and calm.

nanna [nǽnə] n. 할머니; 유모
Some people refer to their grandmother as their nan or nanna.

bring out idiom 눈에 띄게 하다; 세상에 내놓다
To bring out something such as a particular feeling or quality means to make it easier to see, taste, or notice.

⁎ **hint** [hint] n. (약간의) 기미, 기색; 힌트, 암시; v. 넌지시 알려 주다, 힌트를 주다
A hint of something is a very small amount of it.

⁑ **suck** [sʌk] v. (특정한 방향으로) 빨아들이다; (입에 넣고) 빨다; 빨아 먹다; n. 빨기, 빨아 먹기
If something sucks a liquid, gas, or object in a particular direction, it draws it there with a powerful force.

⁑ **cheek** [ʧiːk] n. 뺨, 볼; 엉덩이
Your cheeks are the sides of your face below your eyes.

⁎ **frustrate** [frʌ́streit] v. 불만스럽게 하다, 좌절시키다; 방해하다 (frustration n. 불만, 좌절감)
Frustration is the feeling of being upset or annoyed as a result of being unable to change or achieve something.

grouch [grauʧ] v. 불평하다; 토라지다; n. 불평; 불평꾼
To grouch means to complain a lot, often without good reason.

knock it off idiom 그만해라, 집어치워라
If you tell someone to knock it off, you are telling them to stop doing something that is annoying you.

⁎ **skip** [skip] v. 깡충깡충 뛰다; (일을) 거르다; 생략하다; n. 깡충깡충 뛰기
If you skip along, you move almost as if you are dancing, with a series of little jumps from one foot to the other.

fluff [flʌf] v. 부풀리다; n. (동물이나 새의) 솜털; 보풀
If you fluff something, you shake or brush it so that it looks larger and softer.

fluffy [flʌ́fi] a. 솜털의, 솜털로 뒤덮인; 가벼운, 푹신한
If you describe something such as a towel or a toy animal as fluffy, you mean that it is very soft.

roll one's eyes idiom 눈을 굴리다
If you roll your eyes or if your eyes roll, they move round and upward to show you are bored or annoyed.

‡ **ceiling** [síːliŋ] n. 천장
A ceiling is the horizontal surface that forms the top part or roof inside a room.

* **row** [rou] n. 열, 줄; 노 젓기; v. 노를 젓다
A row of things or people is a number of them arranged in a line.

‡ **ashamed** [əʃéimd] a. (~여서) 부끄러운, 창피한
If someone is ashamed of what they do, what they have done, or their appearance, they feel embarrassed or guilty because of it.

‡ **admire** [ædmáiər] v. 감탄하며 바라보다; 존경하다, 칭찬하다
If you admire someone or something, you look at them with pleasure.

‡ **bite** [bait] v. 베어 물다; 물다; n. 물기; 한 입
If you bite something, you use your teeth to cut into it, for example in order to eat it or break it.

* **frown** [fraun] n. 찡그림, 찌푸림; v. 얼굴을 찡그리다; 눈살을 찌푸리다
A frown is an expression on your face when you move your eyebrows together because you are angry, unhappy, or confused.

‡ **scare** [skɛər] v. 겁주다, 놀라게 하다; 무서워하다; n. 불안(감); 놀람, 공포
If something scares you, it frightens or worries you.

* **monster** [mánstər] n. 괴물; a. 기이하게 큰, 거대한
A monster is a large imaginary creature that looks very ugly and frightening.

* **bet** [bet] v. (~이) 틀림없다; (내기 등에) 돈을 걸다; n. 짐작, 추측; 내기
You use expressions such as 'I bet,' 'I'll bet,' and 'you can bet' to indicate that you are sure something is true.

★**poke** [pouk] v. 쑥 내밀다; (손가락 등으로) 쿡 찌르다; n. (손가락 등으로) 찌르기

If you poke one thing into another, you push the first thing into the second thing.

★**shiver** [ʃívər] n. (pl.) 몸서리, 오싹한 느낌; v. (몸을) 떨다

If someone gives you the shivers, they make you feel so afraid that your body shakes slightly.

‡**crawl** [krɔːl] v. 기어가다; 우글거리다; n. 기어가기

When you crawl, you move forward on your hands and knees.

★**pillow** [pílou] n. 베개

A pillow is a rectangular cushion which you rest your head on when you are in bed.

‡**fit** [fit] v. (모양·크기가) 맞다; 적절하다; 어울리게 하다; a. 적합한, 알맞은; 건강한

If something fits somewhere, or if you can fit it somewhere, that place is big enough for it.

‡**cover** [kʌ́vər] v. 가리다; 덮다; n. (pl.) (침대) 커버, 이불; 덮개

If you cover something, you place something else over it in order to protect it, hide it, or close it.

‡**prove** [pruːv] v. 입증하다, 증명하다; (~임이) 드러나다

If you prove that something is true, you show by means of argument or evidence that it is definitely true.

drool [druːl] n. 침; v. 침을 흘리다; (탐이 나서) 군침을 흘리다

Drool is the watery liquid that has come out of your mouth.

‡**spot** [spat] n. (작은) 점; (특정한) 곳; v. 발견하다, 찾다, 알아채다

Spots are small, round, colored areas on a surface.

‡**mean** [miːn] v. ~할 작정으로 말하다; 의미하다; a. 못된, 심술궂은

If you say that you mean what you are saying, you are telling someone that you are serious about it and are not joking, exaggerating, or just being polite.

★ **eyebrow** [áibràu] n. 눈썹
Your eyebrows are the lines of hair which grow above your eyes.

★ **yell** [jel] v. 고함치다, 소리 지르다; n. 고함, 외침
If you yell, you shout loudly, usually because you are excited, angry, or in pain.

cross one's arms idiom 팔짱을 끼다
When you cross your arms, you put one of your arms over the other in front of your body, so that each hand is on the opposite elbow.

★ **bother** [báðər] v. 귀찮게 하다; 신경 쓰이게 하다; 신경 쓰다; n. 성가심
If someone bothers you, they talk to you when you want to be left alone or interrupt you when you are busy.

squint [skwint] v. 눈을 가늘게 뜨고 보다; 곁눈질로 보다; n. 잠깐 봄; 사시
If you squint at something, you look at it with your eyes partly closed.

★ **chew** [ʧu:] v. 물어뜯다, 깨물다; (음식을) 씹다; n. 깨물기, 씹기
If a person or animal chews something, they bite it with their teeth.

★ **wrinkle** [riŋkl] v. 주름을 잡다, 찡그리다; 주름이 생기다; n. 주름
When you wrinkle your nose or forehead, or when it wrinkles, you tighten the muscles in your face so that the skin folds.

‡ **tongue** [tʌŋ] n. 혀
Your tongue is the soft movable part inside your mouth which you use for tasting, eating, and speaking.

Chapter 2

1. What did Junie B. want Lucille to do?

A. Ask the teacher about monsters

B. Stop talking about monsters

C. Agree with her about monsters

D. Check if there was a monster under her bed

2. Why didn't Lucille say _right_?

A. She did not hear Junie B. talking.

B. She was not sure about monsters.

C. She thought that the answer was obvious.

D. She was busy with her work.

3. **Why did William keep moving his chair?**
   A. He had a secret about monsters.
   B. He was trying to avoid Junie B.
   C. He wanted to get Junie B. in trouble.
   D. He was playing a game with Junie B.

4. **What did Junie B. do after school?**
   A. She talked about the same thing to Grace.
   B. She asked Grace to come to her house.
   C. She told Grace that big sisters were liars.
   D. She convinced Grace that she was right.

5. **What did Grace say about monsters?**
   A. They could easily fit under a bed.
   B. They could make themselves invisible.
   C. They could change size.
   D. They could hear everything.

Check Your Reading Speed

1분에 몇 단어를 읽는지 리딩 속도를 측정해 보세요.

$$\frac{750 \text{ words}}{\text{reading time ( ) sec}} \times 60 = (\text{) wPM}$$

Build Your Vocabulary

복습 monster [mánstər] n. 괴물; a. 기이하게 큰, 거대한
A monster is a large imaginary creature that looks very ugly and frightening.

★ whisper [hwíspər] v. 속삭이다, 소곤거리다; n. 속삭임, 소곤거리는 소리
When you whisper, you say something very quietly, using your breath rather than your throat, so that only one person can hear you.

복습 print [print] v. (글자를) 인쇄체로 쓰다; 인쇄하다; n. (인쇄된) 활자
If you print words, you write in letters that are not joined together and that look like the letters in a book or newspaper.

★ tap [tæp] v. (가볍게) 톡톡 두드리다; n. (가볍게) 두드리기
If you tap something, you hit it with a quick light blow or a series of quick light blows.

복습 bother [báðər] v. 귀찮게 하다; 신경 쓰이게 하다; 신경 쓰다; n. 성가심
If someone bothers you, they talk to you when you want to be left alone or interrupt you when you are busy.

복습 all of a sudden idiom 갑자기
If something happens all of a sudden, it happens quickly and unexpectedly.

복습 ruin [rúːin] v. 엉망으로 만들다; 폐허로 만들다; n. 붕괴, 몰락; 파멸
To ruin something means to severely harm, damage, or spoil it.

★ grab [græb] v. (와락·단단히) 붙잡다; 급히 ~하다; n. 와락 잡아채려고 함

If you grab someone or something, you take or hold them with your hand suddenly, firmly, or roughly.

crybaby [kráibèibi] n. 울보

If you call a child a crybaby, you mean that the child cries a lot for no good reason.

★ slide [slaid] v. (slid-slid/slidden) 미끄러지듯이 움직이다; 미끄러지다; n. 미끄러짐; 떨어짐

When something slides somewhere or when you slide it there, it moves there smoothly over or against something.

scoot [sku:t] v. 서둘러 가다; 휙 움직이다

If you scoot somewhere, you go there very quickly.

on one's way idiom 길을 떠난, 가는 중인

If you are on your way, you have started your trip somewhere.

all the way idiom 내내, 시종; 완전히

If you say that you go or travel all the way somewhere, you emphasize that it is a long way.

★ shoulder [ʃóuldər] n. 어깨; (옷의) 어깨 부분

Your shoulder is one of the two parts of your body between your neck and the top of your arms.

gulp [gʌlp] n. 꿀꺽 삼키기; v. 꿀꺽꿀꺽 삼키다; (숨을) 깊이 들이마시다

A gulp means an act of breathing in or of swallowing something.

zoom [zu:m] v. 쌩 하고 가다; 급등하다; n. (빠르게) 쌩 하고 지나가는 소리

If you zoom somewhere, you go there very quickly.

jiggle [dʒigl] v. (아래위·양옆으로 빠르게) 흔들다, 움직이다

If you jiggle something, you move it quickly up and down or from side to side.

fed up with idiom ~에 진저리가 나는, ~에 싫증 난

If you are fed up with something, you are unhappy, bored, or tired of it, especially something that you have been experiencing for a long time.

at the end of one's rope idiom 한계에 이르러; 진퇴양난인
If you are at the end of your rope, you are very upset or angry, so that
you can no longer deal with something or someone calmly.

spot [spat] v. 발견하다, 찾다, 알아채다; n. (특정한) 곳; (작은) 점
If you spot something or someone, you notice them.

★ **invisible** [invízəbl] a. 보이지 않는, 볼 수 없는
If you describe something as invisible, you mean that it cannot be seen,
for example because it is transparent, hidden, or very small.

make sense idiom 타당하다; 이해가 되다; 이해하기 쉽다
If something makes sense, there seems to be a good reason or
explanation for it.

⚡ **throat** [θrout] n. 목구멍; 목
Your throat is the back of your mouth and the top part of the tubes that
go down into your stomach and your lungs.

⚡ **stomach** [stʌ́mək] n. 배, 복부, 위(胃)
You can refer to the front part of your body below your waist as your
stomach.

⚡ **upset** [ʌpsét] a. 속상한, 마음이 상한; v. 속상하게 하다
If you are upset, you are unhappy or disappointed because something
unpleasant has happened to you.

Chapter
3

1. Why did Junie B. do a happy dance?

   A. She was going to eat popcorn.

   B. She was done with school.

   C. She got to hug her grandma.

   D. She did not see any monsters.

2. What happened when Junie B.'s grandma came into her room?

   A. Junie B. told her grandma not to hold her.

   B. Junie B. told her grandma not to sit on the bed.

   C. Junie B. told her grandma not to move.

   D. Junie B. told her grandma to stay calm.

3. **What did Junie B.'s grandma say about monsters?**

   A. They would never eat people.

   B. They were actually afraid of people.

   C. Junie B. had never mentioned them before.

   D. Junie B. already knew that they were not real.

4. **How did Junie B.'s grandma try to prove that there were no monsters?**

   A. She put her foot under the bed.

   B. She crawled under the bed.

   C. She pushed a broom under the bed.

   D. She shone a flashlight under the bed.

5. **What did Junie B.'s grandma suggest that Junie B. do?**

   A. Fight the monster at night

   B. Look for the monster at night

   C. Discuss the problem with her mother

   D. Pretend that the problem did not exist

Check Your Reading Speed

1분에 몇 단어를 읽는지 리딩 속도를 측정해 보세요.

$$\frac{735 \text{ words}}{\text{reading time ( ) sec}} \times 60 = (\quad) \text{ wPM}$$

Build Your Vocabulary

invisible [invízəbl] a. 보이지 않는, 볼 수 없는
If you describe something as invisible, you mean that it cannot be seen, for example because it is transparent, hidden, or very small.

holler [hálər] v. 소리 지르다, 고함치다; n. 고함, 외침
If you holler, you shout loudly.

hug [hʌg] n. 포옹; v. 껴안다, 포옹하다
A hug is the act of holding someone or something close to your body with your arms.

lean [liːn] v. 기울이다, (몸을) 숙이다; ~에 기대다; a. 호리호리한
When you lean in a particular direction, you bend your body in that direction.

hurray [həréi] int. 만세
People sometimes shout 'Hurray!' when they are very happy and excited about something.

spring [spriŋ] v. (sprang/sprung-sprung) 뛰어오르다; 튀다; n. 생기, 활기; 봄
When a person or animal springs, they jump upward or forward suddenly or quickly.

giant [dʒáiənt] a. 거대한, 엄청나게 큰; 비범한; n. 거인
Something that is described as giant is extremely large, strong, powerful, or important.

twirl [twə:rl] v. 빙글빙글 돌다, 빙글빙글 돌리다; 빙빙 돌리다; n. 회전

If you twirl, you turn around and around quickly, for example when you are dancing.

* **rug** [rʌg] n. (작은 카펫같이 생긴) 깔개

A rug is a piece of thick material that you put on a floor.

* **clap** [klæp] v. 박수를 치다; (갑자기·재빨리) 놓다; n. 박수; 쿵 하는 소리

When you clap, you hit your hands together to show appreciation or attract attention.

* **joyful** [dʒɔ́ifəl] a. 아주 기뻐하는; 기쁜

Someone who is joyful is extremely happy.

복습 **gulp** [gʌlp] n. 꿀꺽 삼키기; v. 꿀꺽꿀꺽 삼키다; (숨을) 깊이 들이마시다

A gulp means an act of breathing in or of swallowing something.

piggy [pígi] n. 발가락; 새끼 돼지

Piggies are a child's word for toes.

* **toe** [tou] n. 발가락

Your toes are the five movable parts at the end of each foot.

‡ **freeze** [fri:z] v. (froze-frozen) (두려움 등으로 몸이) 얼어붙다; 얼다; n. 얼어붙음; 한파

If someone who is moving freezes, they suddenly stop and become completely still and quiet.

* **squeeze** [skwi:z] v. (좁은 곳에) 비집고 들어가다; (꼭) 쥐다, 짜다; n. (꼭) 껴안기, 쥐기
(squeeze out idiom 빠져나가다)

If you squeeze a person or thing out of somewhere or if they squeeze out of there, they manage to get out of a small space.

복습 **yell** [jel] v. 고함치다, 소리 지르다; n. 고함, 외침

If you yell, you shout loudly, usually because you are excited, angry, or in pain.

flop [flap] v. 털썩 주저앉다; ~을 떨어뜨리다; n. 실패작

If you flop into a chair, for example, you sit down suddenly and heavily because you are so tired.

^복^습 **cover** [kávər] n. (pl.) (침대) 커버, 이불; 덮개; v. 가리다; 덮다
The covers on your bed are the things such as sheets and blankets that you have on top of you.

⋆ **flashlight** [flǽʃlait] n. 손전등
A flashlight is a small electric light which gets its power from batteries and which you can carry in your hand.

^복^습 **prove** [pruːv] v. 입증하다, 증명하다; (~임이) 드러나다
If you prove that something is true, you show by means of argument or evidence that it is definitely true.

⋆ **period** [píːəriəd] int. 끝, 이상이다; n. 기간, 시기; 시대; 끝
You can say 'period' at the end of a statement to show that you believe you have said all there is to say on a subject and you are not going to discuss it any more.

^복^습 **drool** [druːl] n. 침; v. 침을 흘리다; (탐이 나서) 군침을 흘리다
Drool is the watery liquid that has come out of your mouth.

⋆ **calm** [kaːm] v. 진정시키다; 차분해지다; a. 침착한, 차분한; 잔잔한
(calm down idiom 진정하다)
If you calm down, or if someone calms you down, you become less angry, upset, or excited.

^복^습 **bet** [bet] v. (~이) 틀림없다; (내기 등에) 돈을 걸다; n. 짐작, 추측; 내기
You use expressions such as 'I bet,' 'I'll bet,' and 'you can bet' to indicate that you are sure something is true.

⋆⋆ **exact** [igzǽkt] a. 정확한; 꼼꼼한, 빈틈없는 (exactly ad. 정확히, 틀림없이)
You use exactly before an amount, number, or position to emphasize that it is no more, no less, or no different from what you are stating.

light bulb [láit bʌlb] n. 백열전구
A light bulb is the round glass part of an electric light or lamp which light shines from.

go on idiom (불·전기 등이) 들어오다; 말을 계속하다
If something such as a light or an electricity supply goes on, it starts working or becomes available.

★**broom** [bru:m] n. 비, 빗자루
A broom is a kind of brush with a long handle. You use a broom for sweeping the floor.

bash [bæʃ] v. 후려치다, 세게 치다; 맹비난하다; n. 강타
If you bash something, you hit it hard in a rough or careless way.

roach [rouʧ] n. (= cockroach) 바퀴벌레
A roach is the same as a cockroach which is a large brown insect that is sometimes found in warm places or where food is kept.

Chapter
4

1. What did Junie B.'s mother say when she got home?

A. Junie B. should not bother her grandma about monsters.

B. Junie B.'s father would hit the monster with a broom.

C. Junie B.'s classmates were wrong about monsters.

D. Junie B. was too old to believe in monsters.

2. What made Junie B. feel better for a little while?

A. She got to flip things on the ground.

B. She used a flipper to cook hamburgers.

C. She helped her father set up the grill.

D. She was allowed to choose anything for dinner.

3. What did Junie B. do after her parents first put her to bed?

A. She cried until they came back.

B. She turned the light back on.

C. She walked out of her room.

D. She made a snack in the kitchen.

4. What did Junie B. do in Ollie's room?

A. She put a blanket on Ollie.

B. She checked if Ollie was safe.

C. She told Ollie that he could sleep in her room.

D. She took Ollie's place in the crib.

5. What did Junie B.'s father do after he looked for monsters?

A. He brought Junie B. a glass of water.

B. He gave Junie B. her stuffed animals and dolls.

C. He removed the sheets from Junie B.'s bed.

D. He left the door closed and the light off.

Check Your Reading Speed

1분에 몇 단어를 읽는지 리딩 속도를 측정해 보세요.

$$\frac{1{,}132 \text{ words}}{\text{reading time ( ) sec}} \times 60 = (\quad) \text{ wPM}$$

Build Your Vocabulary

spooky [spúːki] a. 으스스한, 귀신이 나올 것 같은
A place that is spooky has a frightening atmosphere, and makes you feel that there are ghosts around.

scary [skέəri] a. 무서운, 겁나는
Something that is scary is rather frightening.

zoom [zuːm] v. 쌩 하고 가다; 급등하다; n. (빠르게) 쌩 하고 지나가는 소리
If you zoom somewhere, you go there very quickly.

* **speedy** [spíːdi] a. 빠른, 신속한
A speedy process, event, or action happens or is done very quickly.

broom [bruːm] n. 비, 빗자루
A broom is a kind of brush with a long handle. You use a broom for sweeping the floor.

monster [mάnstər] n. 괴물; a. 기이하게 큰, 거대한
A monster is a large imaginary creature that looks very ugly and frightening.

holler [hάlər] v. 소리 지르다, 고함치다; n. 고함, 외침
If you holler, you shout loudly.

suck [sʌk] v. (특정한 방향으로) 빨아들이다; (입에 넣고) 빨다; 빨아 먹다; n. 빨기, 빨아 먹기
If something sucks a liquid, gas, or object in a particular direction, it draws it there with a powerful force.

cheek [ʧiːk] n. 뺨, 볼; 엉덩이
Your cheeks are the sides of your face below your eyes.

bash [bæʃ] v. 후려치다, 세게 치다; 맹비난하다; n. 강타
If you bash something, you hit it hard in a rough or careless way.

★ **tug** [tʌg] v. (세게) 잡아당기다; n. (세게) 잡아당김
If you tug something or tug at it, you give it a quick and usually strong pull.

lift [lift] v. 들어 올리다, 올라가다; n. 엘리베이터; (차 등을) 태워 주기
If you lift something, you move it to another position, especially upward.

★ **lap** [læp] n. 무릎; v. 휘감다, 두르다; 겹치게 하다
If you have something on your lap when you are sitting down, it is on top of your legs that forms a flat surface.

scare [skɛər] v. 겁주다, 놀라게 하다; 무서워하다; n. 불안(감); 놀람, 공포
If something scares you, it frightens or worries you.

grade [greid] n. 학년; 품질; 등급; v. 성적을 매기다; (등급을) 나누다
In the United States, a grade is a group of classes in which all the children are of a similar age.

crawl [krɔːl] v. 기어가다; 우글거리다; n. 기어가기
When you crawl, you move forward on your hands and knees.

fit [fit] v. (모양·크기가) 맞다; 적절하다; 어울리게 하다; a. 적합한, 알맞은; 건강한
If something fits somewhere, or if you can fit it somewhere, that place is big enough for it.

hall [hɔːl] n. (건물 내의) 복도, 통로; (크고 넓은) 방, 홀, 회관
A hall in a building is a long passage with doors into rooms on both sides of it.

whisper [hwíspər] v. 속삭이다, 소곤거리다; n. 속삭임, 소곤거리는 소리
When you whisper, you say something very quietly, using your breath rather than your throat, so that only one person can hear you.

★ **grill** [gril] n. 석쇠, 그릴; v. 석쇠로 굽다
A grill is a flat frame of metal bars on which food can be cooked over a fire.

★ **flip** [flip] v. 홱 뒤집다, 휙 젖히다; 툭 던지다; n. 툭 던지기
If you flip something, you turn it over quickly one or more times, and if something flips, it turns over quickly.

‡ **dirt** [dəːrt] n. 흙; 먼지, 때
You can refer to the earth on the ground as dirt, especially when it is dusty.

lizard [lízərd] n. [동물] 도마뱀
A lizard is a reptile with short legs and a long tail.

driveway [dráivwèi] n. (주택의) 진입로
A driveway is a piece of hard ground that leads from the road to the front of a house or other building.

복습 **hug** [hʌg] v. 껴안다, 포옹하다; n. 포옹
When you hug someone, you put your arms around them and hold them tightly, for example because you like them or are pleased to see them.

‡ **rub** [rʌb] v. (손·손수건 등을 대고) 문지르다; (두 손 등을) 맞비비다; n. 문지르기, 비비기
If you rub a part of your body, you move your hand or fingers backward and forward over it while pressing firmly.

복습 **spot** [spat] v. 발견하다, 찾다, 알아채다; n. (특정한) 곳; (작은) 점
If you spot something or someone, you notice them.

‡ **pleasant** [plézənt] a. 상냥한, 예의 바른; 즐거운, 기분 좋은
A pleasant person is friendly and polite.

복습 **bother** [báðər] v. 귀찮게 하다; 신경 쓰이게 하다; 신경 쓰다; n. 성가심
If someone bothers you, they talk to you when you want to be left alone or interrupt you when you are busy.

eyewitness [aiwítnis] n. (범행·사건 등의) 목격자, 증인
An eyewitness is a person who was present at an event and can therefore describe it, for example in a law court.

⚌ **bake** [beik] v. (음식을) 굽다; 매우 뜨겁다
If you bake, you spend some time preparing and mixing together ingredients to make bread, cakes, pies, or other food which is cooked in the oven.

⚌ **march** [ma:rʧ] v. (강요해서) 데려가다; 행진하다; (급히) 걸어가다; n. 행진; 3월
If you march someone somewhere, you force them to walk there with you, for example by holding their arm tightly.

tiptoe [típtòu] v. (= tippy-toe) 발끝으로 (살금살금) 걷다; n. 발끝, 까치발
If you tiptoe somewhere, you walk there very quietly without putting your heels on the floor when you walk.

crib [krib] n. 아기 침대; 구유, 여물통
A crib is a bed for a small baby.

⚌ **crowd** [kraud] v. 가득 메우다; 바싹 붙어 서다; n. 사람들, 군중 (crowded a. 붐비는, 복잡한)
If a place is crowded, it is full of people.

⭑ **blanket** [blǽŋkit] n. 담요, 모포; v. (완전히) 뒤덮다
A blanket is a large square or rectangular piece of thick cloth, especially one which you put on a bed to keep you warm.

⭑ **cozy** [kóuzi] a. 아늑한, 편안한; 친밀한
If you are cozy, you are comfortable and warm.

⚌ **crybaby** [kráibèibi] n. 울보
If you call a child a crybaby, you mean that the child cries a lot for no good reason.

⭑ **scream** [skri:m] v. 비명을 지르다, 괴성을 지르다; n. 비명, 절규
When someone screams, they make a very loud, high-pitched cry, because they are in pain or are very frightened.

swish [swiʃ] v. 휙 소리를 내며 움직이게 하다, 휙 소리를 내며 움직이다; n. 휙 하는 소리
If something swishes or if you swish it, it moves quickly through the air, making a soft sound.

this is it idiom 이제 끝이다; 지금이 시작이다; 바로 이거야
You use 'this is it' to say that something has ended.

^{복습}**grouch** [grauʧ] v. 불평하다; 토라지다; n. 불평; 불평꾼
To grouch means to complain a lot, often without good reason.

teeny [tíːni] a. 아주 작은
If you describe something as teeny, you are emphasizing that it is very small.

* **closet** [klázit] n. 벽장
A closet is a piece of furniture with doors at the front and shelves inside, which is used for storing things.

‡ **drawer** [drɔːr] n. 서랍
A drawer is part of a desk, chest, or other piece of furniture that is shaped like a box and is designed for putting things in.

* **trash** [træʃ] n. 쓰레기; v. 부수다; (필요 없는 것을) 버리다 (trash can n. 쓰레기통)
A trash can is a large round container where people put unwanted things or waste material.

* **tuck** [tʌk] v. 집어넣다, 끼워 넣다; 밀어 넣다; (따뜻하게) 덮어 주다; n. 주름, 단
If you tuck something somewhere, you put it there so that it is safe, comfortable, or neat.

‡ **sheet** [ʃiːt] n. (침대) 시트; (종이) 한 장; 넓게 퍼져 있는 것
A sheet is a large rectangular piece of cotton or other cloth that you sleep on or cover yourself with in a bed.

^{복습}**piggy** [pígi] n. 발가락; 새끼 돼지
Piggies are a child's word for toes.

^{복습}**toe** [tou] n. 발가락
Your toes are the five movable parts at the end of each foot.

raggedy [rǽgidi] a. 누더기의, 다 찢어진; 낡은
People and things that are raggedy are dirty and untidy.

★ **stuff** [stʌf] v. 채워 넣다; 쑤셔 넣다; n. 것, 물건, 일 (**stuffed animal** n. 봉제 인형)
Stuffed animals are toys that are made of cloth filled with a soft material and which look like animals.

that's it idiom 다 끝났다; 그만해라; 바로 그것이다
You can use 'that's it' when something is finished, and no more can be done.

on account of idiom ~때문에
You use on account of to introduce the reason or explanation for something.

★ **trunk** [trʌŋk] n. (코끼리의) 코; 나무의 몸통
An elephant's trunk is its very long nose that it uses to lift food and water to its mouth.

Chapter
5

1. **What did Junie B. think when she heard her father snoring?**

    A. The sound might wake up the monster.

    B. Her father could not protect her from the monster.

    C. Her father was not worried about the monster.

    D. The monster might attack her father.

2. **Why was Junie B. glad to see Tickle?**

    A. He could help her stay awake.

    B. He could keep the monster away.

    C. He could find the monster for her.

    D. He could make her forget about the monster.

3. What did Tickle do?

A. He fell asleep on the bed.

B. He pushed Junie B. off the bed.

C. He took Junie B.'s sheets out of the room.

D. He played too hard with Junie B.'s things.

4. What did Junie B. decide to do?

A. Wake up her parents

B. Ask her parents for help

C. Sleep in her parents' bed

D. Make sure that her parents were okay

5. What happened when Junie B. went into her parents' room?

A. Her mother woke up and saw her.

B. Her father rolled onto the stuffed elephant.

C. One of her dolls fell on the floor.

D. The bed was not comfortable enough for her.

Check Your Reading Speed
1분에 몇 단어를 읽는지 리딩 속도를 측정해 보세요.

$$\frac{806 \text{ words}}{\text{reading time (\quad) sec}} \times 60 = (\quad) \text{ wPM}$$

Build Your Vocabulary

not sleep a wink idiom 한숨도 못 자다, 전혀 자지 않다
If you say that you did not sleep a wink, you mean that you tried to go to sleep but could not.

복습 **invisible** [invízəbl] a. 보이지 않는, 볼 수 없는
If you describe something as invisible, you mean that it cannot be seen, for example because it is transparent, hidden, or very small.

복습 **yell** [jel] v. 고함치다, 소리 지르다; n. 고함, 외침
If you yell, you shout loudly, usually because you are excited, angry, or in pain.

복습 **hall** [hɔːl] n. (건물 내의) 복도, 통로; (크고 넓은) 방, 홀, 회관
A hall in a building is a long passage with doors into rooms on both sides of it.

복습 **grouch** [grauʧ] v. 불평하다; 토라지다; n. 불평; 불평꾼
To grouch means to complain a lot, often without good reason.

⋆ **relieve** [rilíːv] v. 안도하게 하다; (불쾌감·고통 등을) 없애 주다; 완화하다 (relieved a. 안도한)
If you are relieved, you feel happy because something unpleasant has not happened or is no longer happening.

⋆ **snore** [snɔːr] v. 코를 골다; n. 코 고는 소리
When someone who is asleep snores, they make a loud noise each time they breathe.

cover [kʌ́vər] n. (pl.) (침대) 커버, 이불; 덮개; v. 가리다; 덮다
The covers on your bed are the things such as sheets and blankets that you have on top of you.

squirt [skwəːrt] v. (액체·가스 등을 가늘게) 찍 짜다; 찍 나오다
If you squirt a liquid somewhere or if it squirts somewhere, the liquid comes out of a narrow opening in a thin fast stream.

stomp [stamp] v. 쿵쿵거리며 걷다; 발을 구르며 춤추다
If you stomp somewhere, you walk there with very heavy steps, often because you are angry.

giant [dʒáiənt] a. 거대한, 엄청나게 큰; 비범한; n. 거인
Something that is described as giant is extremely large, strong, powerful, or important.

fluff [flʌf] n. (동물이나 새의) 솜털; 보풀; v. 부풀리다
You can refer to the soft light fur or feathers from a young animal or bird as fluff.

kid [kid] v. 속이다; 농담하다
If people kid themselves, they allow themselves to believe something that is not true because they wish that it was true.

stare [stɛər] v. 빤히 쳐다보다, 응시하다; n. 빤히 쳐다보기, 응시
If you stare at someone or something, you look at them for a long time.

all of a sudden idiom 갑자기
If something happens all of a sudden, it happens quickly and unexpectedly.

pat [pæt] v. 토닥거리다, 쓰다듬다; n. 토닥거리기, 쓰다듬기
If you pat something or someone, you tap them lightly, usually with your hand held flat.

pillow [pílou] n. 베개
A pillow is a rectangular cushion which you rest your head on when you are in bed.

^{복습} **spring** [sprɪŋ] v. (sprang/sprung-sprung) 뛰어오르다; 튀다; n. 생기, 활기; 봄
When a person or animal springs, they jump upward or forward suddenly or quickly.

^{복습} **sheet** [ʃiːt] n. (침대) 시트; (종이) 한 장; 넓게 퍼져 있는 것
A sheet is a large rectangular piece of cotton or other cloth that you sleep on or cover yourself with in a bed.

★ **paw** [pɔː] n. (동물의) 발; v. 발로 긁다; (함부로) 건드리다
The paws of an animal such as a cat, dog, or bear are its feet, which have claws for gripping things and soft pads for walking on.

^{복습} **raggedy** [rǽgidi] a. 누더기의, 다 찢어진; 낡은
People and things that are raggedy are dirty and untidy.

^{복습} **chew** [tʃuː] v. 물어뜯다, 깨물다; (음식을) 씹다; n. 깨물기, 씹기
If a person or animal chews something, they bite it with their teeth.

^{복습} **land** [lænd] v. (땅·표면에) 떨어지다; 내려앉다; n. 육지, 땅; 지역
When someone or something lands, they come down to the ground after moving through the air or falling.

^{복습} **trunk** [trʌŋk] n. (코끼리의) 코; 나무의 몸통
An elephant's trunk is its very long nose that it uses to lift food and water to its mouth.

in time idiom 제때에, 시간 맞춰, 늦지 않게
If you are in time for a particular event, you are not too late for it.

^{복습} **upset** [ʌpsét] a. 속상한, 마음이 상한; v. 속상하게 하다
If you are upset, you are unhappy or disappointed because something unpleasant has happened to you.

★ **pet** [pet] v. (다정하게) 어루만지다, 쓰다듬다; n. 반려동물
If you pet a person or animal, you touch them in an affectionate way.

^{복습} **on account of** idiom ~ 때문에
You use on account of to introduce the reason or explanation for something.

★ **dumb** [dʌm] a. 멍청한, 바보 같은; 말을 못 하는
If you say that something is dumb, you think that it is silly and annoying.

복습 **tuck** [tʌk] v. 집어넣다, 끼워 넣다; 밀어 넣다; (따뜻하게) 덮어 주다; n. 주름, 단
If you tuck something somewhere, you put it there so that it is safe, comfortable, or neat.

peek [piːk] v. (재빨리) 훔쳐보다; 살짝 보이다; n. 엿보기
If you peek at something or someone, you have a quick look at them, often secretly.

복습 **grab** [græb] v. (와락·단단히) 붙잡다; 급히 ~하다; n. 와락 잡아채려고 함
If you grab someone or something, you take or hold them with your hand suddenly, firmly, or roughly.

make a run for it idiom 필사적으로 도망치다, (위험을) 서둘러 피하다
If you make a run for it, you run away in order to escape from someone or something.

★ **sneak** [sniːk] v. 살금살금 가다; 몰래 하다; a. 기습적인
If you sneak somewhere, you go there very quietly on foot, trying to avoid being seen or heard.

‡ **roll** [roul] v. 구르다, 굴러가다; 굴리다; n. (둥글게 말아 놓은) 통, 두루마리
If you are lying down and you roll over, you turn your body so that a different part of you is facing upward.

복습 **gulp** [gʌlp] n. 꿀꺽 삼키기; v. 꿀꺽꿀꺽 삼키다; (숨을) 깊이 들이마시다
A gulp means an act of breathing in or of swallowing something.

복습 **lean** [liːn] v. 기울이다, (몸을) 숙이다; ~에 기대다; a. 호리호리한
When you lean in a particular direction, you bend your body in that direction.

복습 **scary** [skέəri] a. 무서운, 겁나는
Something that is scary is rather frightening.

Chapter
6

1. **How did Junie B. feel at school?**

   A. She felt thankful to be away from home.

   B. She felt like the school day was too short.

   C. She felt happy to make art.

   D. She felt too sleepy to focus.

2. **What did Grace say on the bus?**

   A. She did not really believe that monsters could turn invisible.

   B. She no longer had a monster in her house.

   C. Her mother checked for monsters every night.

   D. Monsters were afraid of her family.

3. What did Junie B.'s grandma NOT do in the house?

    A. Agree to help Junie B. get rid of the monster

    B. Use a vacuum cleaner to get the monster

    C. Take the vacuum cleaner bag to the kitchen

    D. Let Junie B. throw the vacuum cleaner bag away

4. What was the problem with Junie B.'s house?

    A. It did not have a trash compactor.

    B. It had a lot of monsters.

    C. It did not have a strong vacuum cleaner.

    D. It had a lot of trash.

5. What did Junie B.'s grandma do outside with the vacuum cleaner bag?

    A. She opened it and looked inside.

    B. She put it in the big garbage can.

    C. She flattened it with her car.

    D. She hit it with a lid.

Check Your Reading Speed

1분에 몇 단어를 읽는지 리딩 속도를 측정해 보세요.

$$\frac{619 \ words}{reading \ time \ (\quad) \ sec} \times 60 = (\quad) \ WPM$$

Build Your Vocabulary

☆ flat [flæt] a. 납작한; 평평한; 단호한; n. 평평한 부분; ad. 평평하게, 반듯이
A flat object is not very tall or deep in relation to its length and width.

pooped [puːpt] a. 녹초가 된, 기진맥진한
If you are pooped, you are very tired.

turn out idiom ~인 것으로 드러나다; 되어 가다; 나타나다
If things turn out, they are discovered or they prove to be the case finally and surprisingly.

☆ professional [prəféʃənl] a. 능숙한; 전문적인; 직업상 적합한; n. 전문가
If you say that something that someone does or produces is professional, you approve of it because you think that it is of a very high standard.

☆ ride [raid] v. (rode-ridden) (말·차량 등을) 타다; n. (말·차량 등을) 타고 달리기
When you ride a vehicle such as a car, you travel in it, especially as a passenger.

⋆ yawn [jɔːn] v. 하품하다; n. 하품
If you yawn, you open your mouth very wide and breathe in more air than usual, often when you are tired.

monster [mánstər] n. 괴물; a. 기이하게 큰, 거대한
A monster is a large imaginary creature that looks very ugly and frightening.

^복_습 invisible [invízəbl] a. 보이지 않는, 볼 수 없는

If you describe something as invisible, you mean that it cannot be seen, for example because it is transparent, hidden, or very small.

figure out idiom 알아내다, 이해하다; 계산하다, 산출하다

If you figure out a solution to a problem or the reason for something, you succeed in solving it or understanding it.

get rid of idiom ~을 처리하다, 없애다

When you get rid of something that you do not want or do not like, you take action so that you no longer have it or suffer from it.

^복_습 suck [sʌk] v. (특정한 방향으로) 빨아들이다; (입에 넣고) 빨다; 빨아 먹다; n. 빨기, 빨아 먹기

If something sucks a liquid, gas, or object in a particular direction, it draws it there with a powerful force.

vacuum cleaner [vǽkjuəm klì:nər] n. 진공청소기

A vacuum cleaner is an electric machine which sucks up dust and dirt from carpets.

^복_습 trash [træʃ] n. 쓰레기; v. 부수다; (필요 없는 것을) 버리다

Trash consists of unwanted things or waste material.

★ compact [kəmpǽkt] v. (단단히) 다지다; a. 소형의; (공간이) 작은

(trash compactor n. 쓰레기 압축기)

A trash compactor is a machine that presses waste material together into a very small mass.

squish [skwiʃ] v. 찌부러뜨리다, 으깨다; 찌부러지다

If you squish someone or something soft, you press hard on them.

^복_습 hug [hʌg] v. 껴안다, 포옹하다; n. 포옹

When you hug someone, you put your arms around them and hold them tightly, for example because you like them or are pleased to see them.

★ brilliant [bríljənt] a. 훌륭한, 멋진; 눈부신; (재능이) 뛰어난

You can say that something is brilliant when you are very pleased about it or think that it is very good.

^복_습zoom [zu:m] v. 쌩 하고 가다; 급등하다; n. (빠르게) 쌩 하고 지나가는 소리
If you zoom somewhere, you go there very quickly.

^복_습speedy [spí:di] a. 빠른, 신속한
A speedy process, event, or action happens or is done very quickly.

^복_습holler [hálər] v. 소리 지르다, 고함치다; n. 고함, 외침
If you holler, you shout loudly.

^복_습closet [klázit] n. 벽장
A closet is a piece of furniture with doors at the front and shelves inside, which is used for storing things.

all the way idiom 내내, 시종; 완전히
If you say that you go or travel all the way somewhere, you emphasize that it is a long way.

^복_습sport [spɔːrt] n. 너그러운 사람, 쾌활한 사람; 스포츠, 운동; v. 자랑스럽게 보이다
If you say that someone is a sport or a good sport, you mean that they cope with a difficult situation or teasing in a cheerful way.

★plug [plʌg] v. 플러그를 꽂다; (구멍을) 막다; n. (전기) 플러그; 마개
If you plug a piece of electrical equipment into an electricity supply or if you plug it in, you push its plug into an electric outlet so that it can work.

^복_습hurray [həréi] int. 만세
People sometimes shout 'Hurray!' when they are very happy and excited about something.

★thrill [θril] v. 열광시키다, 정말 신나게 하다; n. 흥분, 설렘; 전율 (thrilled a. 아주 신이 난)
If someone is thrilled, they are extremely pleased about something.

do the trick idiom 효험이 있다, 성공하다
If something does the trick, it solves a problem or provides what is needed to get a good result.

^복_습teeny [tí:ni] a. 아주 작은
If you describe something as teeny, you are emphasizing that it is very small.

frown [fraun] n. 찡그림, 찌푸림; v. 얼굴을 찡그리다; 눈살을 찌푸리다
A frown is an expression on your face when you move your eyebrows together because you are angry, unhappy, or confused.

leak [liːk] v. (액체·기체가) 새다; (비밀을) 누설하다; n. (액체·기체가) 새는 곳; 누출
If a liquid or gas leaks, it comes out of an object or container through a hole or crack.

float [flout] v. (물 위나 공중에서) 떠가다; (물에) 뜨다; n. 부표
Something that floats in or through the air hangs in it or moves slowly and gently through it.

tap [tæp] v. (가볍게) 톡톡 두드리다; n. (가볍게) 두드리기
If you tap something, you hit it with a quick light blow or a series of quick light blows.

counter [káuntər] n. (부엌의) 조리대; (식당·바 등의) 카운터; 반작용; v. 반박하다; 대응하다
A counter is a flat surface in a kitchen which is easy to clean and on which you can prepare food.

cheek [ʧiːk] n. 뺨, 볼; 엉덩이
Your cheeks are the sides of your face below your eyes.

garbage [gáːrbidʒ] n. 쓰레기 (garbage can n. 쓰레기통)
A garbage can is a container that you put rubbish into.

press [pres] v. 누르다; 꾹 밀어 넣다; (무엇에) 바짝 대다; n. 언론
If you press something or press down on it, you push hard against it with your foot or hand.

lid [lid] n. 뚜껑
A lid is the top of a box or other container which can be removed or raised when you want to open the container.

whine [hwain] v. 징징거리다, 우는 소리를 하다; 낑낑거리다; n. 칭얼거리는 소리
If you whine, especially as a child, you complain or express disappointment or unhappiness in an annoying, crying voice.

frustrate [frʌ́streit] v. 불만스럽게 하다, 좌절시키다; 방해하다 (frustration n. 불만, 좌절감)
Frustration is the feeling of being upset or annoyed as a result of being unable to change or achieve something.

driveway [dráivwèi] n. (주택의) 진입로
A driveway is a piece of hard ground that leads from the road to the front of a house or other building.

brush [brʌʃ] v. (솔이나 손으로) 털다; 솔질을 하다; (붓을 이용하여) 바르다; n. 붓; 솔
If you brush something somewhere, you remove it with quick light movements of your hands.

growly [gráuli] a. 으르렁거리는; 화를 잘 내는
If you make a growly sound, you make a low noise in your throat like a dog or other animal.

couch [kauʧ] n. 소파, 긴 의자
A couch is a long, comfortable seat for two or three people.

stare [stɛər] v. 빤히 쳐다보다, 응시하다; n. 빤히 쳐다보기, 응시
If you stare at someone or something, you look at them for a long time.

Chapter 7

1. **Why did Junie B. panic one morning?**
   A. She thought that the monster had been on her bed.

   B. She thought that the monster had taken her pillow.

   C. She thought that she saw the monster under her bed.

   D. She thought that she was becoming the monster.

2. **What did Junie B.'s mother say about drool?**
   A. It was something that babies did.

   B. It was normal for anyone to do.

   C. It was easy to stop doing.

   D. It was a serious sleeping problem.

3. How did Lucille feel about her pictures?

A. She liked only one of them.

B. She was not satisfied with them.

C. She was shocked by them.

D. She was proud of them.

4. What did Mrs. say to Junie B.?

A. She could bring her pictures home.

B. She would laugh at her pictures.

C. She might want to take new pictures.

D. She had to share her pictures.

5. How did Junie B. look in her pictures?

A. She looked old.

B. She looked terrible.

C. She looked bored.

D. She looked weak.

Check Your Reading Speed

1분에 몇 단어를 읽는지 리딩 속도를 측정해 보세요.

$$\frac{599 \text{ words}}{\text{reading time (} \qquad \text{) sec}} \times 60 = (\qquad) \text{ wPM}$$

Build Your Vocabulary

★ **snarl** [snɑːrl] n. 으르렁거리는 소리; v. 으르렁거리다; 으르렁거리듯 말하다
A snarl is a deep sound that an animal makes when it is angry and shows its teeth.

snuffle [snʌfl] n. 코를 킁킁거리는 소리; v. 코를 킁킁거리다; 코를 훌쩍이다
A snuffle is a sound that an animal makes when it breathes in quickly and repeatedly through its nose while it smells something.

✴ **imagination** [imædʒənéiʃən] n. 상상, 상상력; 착각; 창의력
Your imagination is the part of your mind which allows you to form pictures or ideas of things that do not necessarily exist in real life.

복습 **snore** [snɔːr] n. 코 고는 소리; v. 코를 골다
A snore is a loud noise that someone makes when they breathe while they sleep.

복습 **drool** [druːl] n. 침; v. 침을 흘리다; (탐이 나서) 군침을 흘리다
Drool is the watery liquid that has come out of your mouth.

복습 **roll one's eyes** idiom 눈을 굴리다
If you roll your eyes or if your eyes roll, they move round and upward to show you are bored or annoyed.

복습 **ceiling** [síːliŋ] n. 천장
A ceiling is the horizontal surface that forms the top part or roof inside a room.

⸸⸸honest [ánist] a. 솔직한; 정직한; ad. 정말로, 틀림없이
(honestly ad. (짜증을 나타내며) 정말)
You use honestly to indicate that you are annoyed or impatient.

⸸stuff [stʌf] n. 것, 물건, 일; v. 채워 넣다; 쑤셔 넣다
You can use stuff to refer to things such as a substance, a collection of
things, events, or ideas, or the contents of something in a general way
without mentioning the thing itself by name.

★automatic [ɔ̀:təmǽtik] a. 무의식적인; 자동의 (automatically ad. 무의식적으로, 저절로)
An automatic action is one that you do without thinking about it.

⸸gift [gift] n. 재능, 재주; 선물; v. (재능을) 부여하다
If someone has a gift for doing something, they have a natural ability
for doing it.

★beg [beg] v. 간청하다, 애원하다; 구걸하다
If you beg someone to do something, you ask them very anxiously or
eagerly to do it.

★entire [intáiər] a. 전체의, 완전한, 온전한
You use entire when you want to emphasize that you are referring to
the whole of something, for example, the whole of a place, time, or
population.

★accidental [æksədéntl] a. 우연한, 돌발적인 (accidentally ad. 우연히, 뜻하지 않게)
An accidental event happens by chance or as the result of an accident,
and is not deliberately intended.

⸸crawl [krɔːl] v. 기어가다; 우글거리다; n. 기어가기
When you crawl, you move forward on your hands and knees.

⸸pillow [pílou] n. 베개
A pillow is a rectangular cushion which you rest your head on when
you are in bed.

⸸scream [skriːm] v. 비명을 지르다, 괴성을 지르다; n. 비명, 절규
When someone screams, they make a very loud, high-pitched cry,
because they are in pain or are very frightened.

‡ realize [ríːəlàiz] v. 깨닫다, 알아차리다; 실현하다, 달성하다
If you realize that something is true, you become aware of that fact or understand it.

no big deal idiom 별일 아니다, 대수롭지 않다
You use 'no big deal' to say that something is not important or not a problem.

‡ count [kaunt] v. (수를) 세다; 중요하다; 간주하다; 인정하다; n. 수치; 셈, 계산
If you count all the things in a group, you add them up in order to find how many there are.

복습 piggy [pígi] n. 발가락; 새끼 돼지
Piggies are a child's word for toes.

복습 toe [tou] n. 발가락
Your toes are the five movable parts at the end of each foot.

복습 kindergarten [kíndərgàːrtn] n. 유치원
A kindergarten is a school or class for children aged 4 to 6 years old. It prepares them to go into the first grade.

★ pop [pap] v. 눈이 휘둥그레지다; 불쑥 나타나다; 펑 하는 소리가 나다; n. 펑 (하는 소리)
If your eyes pop or pop out, they suddenly open fully because you are surprised or excited.

★ gorgeous [góːrdʒəs] a. 아주 멋진, 아름다운; 선명한, 화려한
If you say that something is gorgeous, you mean that it gives you a lot of pleasure or is very attractive.

복습 fluff [flʌf] v. 부풀리다; n. (동물이나 새의) 솜털; 보풀
If you fluff something, you shake or brush it so that it looks larger and softer.

복습 fluffy [flʌ́fi] a. 솜털의, 솜털로 뒤덮인; 가벼운, 푹신한
If you describe something such as a towel or a toy animal as fluffy, you mean that it is very soft.

☀ **bend** [bend] v. (bent-bent) (몸·머리를) 굽히다, 숙이다; 구부리다; n. (도로·강의) 굽은 곳
When you bend, you move the top part of your body downward and forward.

복습 **smooth** [smuːð] v. 매끈하게 하다, 반듯하게 펴다; a. 매끈한; 부드러운; (소리가) 감미로운
If you smooth something, you move your hands over its surface to make it smooth and flat.

★ **envelope** [énvəlòup] n. 봉투
An envelope is the rectangular paper cover in which you send a letter to someone through the post.

복습 **sneak** [sniːk] v. 몰래 하다; 살금살금 가다; a. 기습적인
If you sneak a look at someone or something, you secretly have a quick look at them.

복습 **peek** [piːk] n. 엿보기; v. (재빨리) 훔쳐보다; 살짝 보이다
If you take a peek at something or someone, you have a quick look at them, often secretly.

복습 **stomach** [stʌ́mək] n. 배, 복부, 위(胃)
You can refer to the front part of your body below your waist as your stomach.

sickish [síkiʃ] a. 토할 것 같은, 메스꺼운
If you feel sickish, you are somewhat ill and about to vomit.

stink [stiŋk] n. 악취; v. (고약한) 냄새가 나다, 악취가 풍기다; 수상쩍다
Stink means a strong unpleasant smell.

복습 **grab** [græb] v. (와락·단단히) 붙잡다; 급히 ~하다; n. 와락 잡아채려고 함
If you grab someone or something, you take or hold them with your hand suddenly, firmly, or roughly.

★ **gross** [grous] a. 역겨운; 아주 무례한; 총-; ad. 모두 (합해서)
If you describe something as gross, you think it is very unpleasant.

^{복습} **yell** [jel] v. 고함치다, 소리 지르다; n. 고함, 외침

If you yell, you shout loudly, usually because you are excited, angry, or in pain.

Chapter
8

1. **What did Junie B. think of her pictures?**

   A. They were too important to throw away.

   B. They were too cool to throw away.

   C. They were ugly enough to scare the monster.

   D. They were big enough to scare the monster.

2. **What did Junie B. do before putting her pictures under the bed?**

   A. She saved one picture for herself.

   B. She wrote a message on the pictures.

   C. She glued the pictures together.

   D. She cut the pictures apart.

3. Why did Junie B. clap?

A. She did not have to look at the pictures anymore.

B. No one would ever find the pictures.

C. The monster was probably gone.

D. The monster never existed.

4. How did Junie B.'s mother react to her idea?

A. She was not sure that it would work.

B. She thought that it was funny.

C. She was glad that it was not dangerous.

D. She did not really want to hear about it.

5. What did Junie B. think about drool on her pillow now?

A. It did not come from a monster.

B. It was a sign of bad luck.

C. It was a problem that needed to be fixed.

D. It would not happen ever again.

Check Your Reading Speed

1분에 몇 단어를 읽는지 리딩 속도를 측정해 보세요.

$$\frac{351 \text{ words}}{\text{reading time (} \qquad \text{) sec}} \times 60 = (\qquad) \text{ wPM}$$

Build Your Vocabulary

^복_습 **scary** [skέəri] a. 무서운, 겁나는
Something that is scary is rather frightening.

^복_습 **dumb** [dʌm] a. 멍청한, 바보 같은; 말을 못 하는
If you say that something is dumb, you think that it is silly and annoying.

＊ **furious** [fjúəriəs] a. 몹시 화가 난; 맹렬한
Someone who is furious is extremely angry.

^복_습 **lean** [liːn] v. 기울이다, (몸을) 숙이다; ~에 기대다; a. 호리호리한
When you lean in a particular direction, you bend your body in that direction.

＊ **edge** [edʒ] n. 끝, 가장자리; 우위; v. 조금씩 움직이다; 테두리를 두르다
The edge of something is the place or line where it stops, or the part of it that is furthest from the middle.

^복_습 **monster** [mάnstər] n. 괴물; a. 기이하게 큰, 거대한
A monster is a large imaginary creature that looks very ugly and frightening.

^복_습 **scare** [skɛər] v. 겁주다, 놀라게 하다; 무서워하다; n. 불안(감); 놀람, 공포
(scare the pants off idiom ~를 몹시 놀라게 하다)
If you scare the pants off someone, you cause them to extremely feel afraid, anxious, or nervous.

entire [intáiər] a. 전체의, 완전한, 온전한
You use entire when you want to emphasize that you are referring to the whole of something, for example, the whole of a place, time, or population.

shove [ʃʌv] v. 아무렇게나 놓다; (거칠게) 밀치다; n. 힘껏 떠밂
If you shove something somewhere, you push it there quickly and carelessly.

bite [bait] v. 베어 물다; 물다; n. 물기; 한 입
If you bite something, you use your teeth to cut into it, for example in order to eat it or break it.

holler [hálər] v. 소리 지르다, 고함치다; n. 고함, 외침
If you holler, you shout loudly.

thrill [θril] v. 열광시키다, 정말 신나게 하다; n. 흥분, 설렘; 전율 (thrilled a. 아주 신이 난)
If someone is thrilled, they are extremely pleased about something.

spread [spred] v. (spread-spread) 펼치다, 펴다; 퍼뜨리다, 퍼지다; 벌리다; n. 확산, 전파
If you spread a substance on a surface or spread the surface with the substance, you put a thin layer of the substance over the surface.

curious [kjúəriəs] a. 궁금한, 호기심이 많은; 별난, 특이한
If you are curious about something, you are interested in it and want to know more about it.

bend [bend] v. (bent-bent) (몸·머리를) 굽히다, 숙이다; 구부리다; n. (도로·강의) 굽은 곳
When you bend, you move the top part of your body downward and forward.

gasp [gæsp] n. 헉 하는 소리를 냄; v. 헉 하고 숨을 쉬다; 숨을 제대로 못 쉬다
A gasp is a short quick breath of air that you take in through your mouth, especially when you are surprised, shocked, or in pain.

whisper [hwíspər] v. 속삭이다, 소곤거리다; n. 속삭임, 소곤거리는 소리
When you whisper, you say something very quietly, using your breath rather than your throat, so that only one person can hear you.

^복_습 **clap** [klæp] v. 박수를 치다; (갑자기·재빨리) 놓다; n. 박수; 쿵 하는 소리

When you clap, you hit your hands together to show appreciation or attract attention.

^복_습 **bet** [bet] v. (~이) 틀림없다; (내기 등에) 돈을 걸다; n. 짐작, 추측; 내기

You use expressions such as 'I bet,' 'I'll bet,' and 'you can bet' to indicate that you are sure something is true.

^복_습 **all of a sudden** idiom 갑자기

If something happens all of a sudden, it happens quickly and unexpectedly.

^복_습 **drool** [dru:l] n. 침; v. 침을 흘리다; (탐이 나서) 군침을 흘리다

Drool is the watery liquid that has come out of your mouth.

^복_습 **pillow** [pílou] n. 베개

A pillow is a rectangular cushion which you rest your head on when you are in bed.

^복_습 **raggedy** [rǽgidi] a. 누더기의, 다 찢어진; 낡은

People and things that are raggedy are dirty and untidy.

1장 치즈 아저씨

내 이름은 주니 B. 존스(Junie B. Jones)입니다. B는 비어트리스(Beatrice)를 나타냅니다. 하지만 나는 비어트리스라는 이름을 좋아하지 않습니다. 나는 그냥 B를 좋아할 뿐이고 그게 다입니다.

나는 학교 유치부 오후반에 다니는 학년입니다.

오늘 우리는 그곳에서 학교 사진을 찍었습니다.

학교 사진은 사람들이 자신의 가장 멋진 원피스를 입는 때입니다. 그리고 사람들은 학교 식당에 갑니다. 그러면 치즈 아저씨가 거기에 있습니다.

그는 사람들에게 *치즈*라고 말하게 합니다. 하지만 나는 사실 왜 그러는지 모르겠어요.

그러면 그는 사람들의 사진을 찍습니다. 그리고 그들의 엄마는 그 사진들을 사야 합니다. 그렇지 않으면 사람들은 마음에 상처를 받게 되죠.

내 생각에, 학교 사진은 쩨쩨한 돈벌이입니다.

나는 앞면에 공룡이 그려진 나의 새 원피스를 입었습니다.

"공룡이네, 그렇지?" 치즈 아저씨가 말했습니다.

나는 아주 사랑스럽게 나의 치마를 매만졌습니다.

"맞아요." 내가 말했습니다. "얘는 티라노사우루스 도티(Tyrannosaurus Dottie)예요."

"티라노사우루스 렉스(*Rex*)를 말하는 거지." 그가 말했습니다.

"아니요. 티라노사우루스 도티를 말한 거예요. 왜냐면('cause) 렉스는 남자아이기 때문이죠. 그리고 도티는 여자아이고요." 나는 설명했습니다.

치즈 아저씨는 그의 카메라 뒤에 서 있었습니다.

"치즈 하렴." 그가 나에게 말했습니다.

"네, 그런데 그거 알아요? 나는 사실 내가 왜 그 말을 해야 하는 건지 모르겠어요. 왜냐면 치즈가 사진 찍는 거랑 무슨 상관인데요?" 내가 물었습니다.

"치즈는 너를 웃게 만들지." 치즈 아저씨가 말했습니다.

나는 내 고개를 저었습니다.

"나는 아니에요. 치즈는 나를 웃게 만들지 않아요." 내가 말했습니다. "왜냐면 난 가끔 점심으로 치즈 샌드위치를 먹거든요. 그리고 내가 그 샌드위치를 삼킬 때 나는 킥킥거리지도 않아요."

치즈 아저씨는 숨을 크게 들이마셨습니다.

"너 제발 그냥 치즈라고 해 줄래?" 그가 물었습니다.

"알겠어요." 내가 말했습니다. "나는 제발 그냥 치즈라고 해 줄 수 있죠. 그런데 아저씨가 준비되면 내게 말해 주는 걸 잊지 말아요. 왜냐면 한번은 우리 프랭크 밀러(Frank Miller) 할아버지가 내 사진을 찍고 있었거든요. 그리고 할아버지는 나에게 할아버지가 준비되었다고 말해 주지 않았어요. 그리고 그러자 내 한쪽 눈이 뜬 채로 나왔어요. 그리고 다른 한쪽은 감긴 채로 나왔고요."

나는 그에게 보여 주기 위해 표정을 지었습니다.

"보여요? 내 눈 보이죠? 한쪽 눈이 어떻게 떠지고 다른 한쪽 눈이..."

갑자기, 치즈 아저씨가 내 사진을 찍었습니다.

나의 입은 그를 향해 떡 하니 벌어졌습니다.

"저기요! 아저씨 어떻게 그럴 수 있죠? 아저씨는 어떻게 내 사진을 찍을 수 있어요? 왜냐면 나는 아직 준비도 안 됐단 말이에요!"

치즈 아저씨는 계속해서 그의 카메라를 찰칵거렸습니다.

얼마 지나지 않아 그는 줄에 서 있던 다음 사람을 쳐다보았습니다.

"다음." 그가 말했습니다.

나는 내 발을 쿵쿵 굴렀습니다.

"알겠어요, 하지만 나는 준비되지 않았다고요, 정말이에요! 그리고 그래서 나는 한 번 더 찍을 필요가 있어요!" 내가 말했습니다.

바로 그때, 나의 선생님이 왔습니다. 그리고 그녀는 나를 거기에서 끌어냈습니다.

그녀는 나를 긴 의자 위 그녀의 옆에 앉혔습니다.

그녀의 이름은 선생님(Mrs.)입니다.

마찬가지로, 그녀는 또 다른 이름도 있습니다. 하지만 나는 그냥 선생님이라는 이름이 좋고 그게 다입니다.

선생님은 내게 진정하렴 하고 말했습니다.

그러고 나서 나와 그녀는 남은 아이들이 자신의 사진 찍는 것을 지켜보았습니다.

루실(Lucille)이라는 이름의 나의 가장 친한 친구가 그 다음이었습니다.

그녀는 자신의 머리에 파란색 새틴 리본을 하고 있었습니다.

"우리 할머니가 말하길 이 리본이 내 눈의 푸른빛을 돋보이게 한대요." 그녀는 치즈 아저씨에게 말했습니다.

그녀는 눈을 아주 크게 떴습니다.

"내 눈 보이죠? 내 눈 색깔이 보이죠? 그것들은 청록색(robin's egg blue)이에요... 단지 라벤더 빛이 살짝 돌고요."

치즈 아저씨는 자신의 두 볼을 안으로 쏙 빨아들였습니다. 내 생각에, 그의 마음속에 짜증(fusstration)이 쌓이는 것 같았습니다.

"너 제발 그냥 치즈라고 말해 줄래?" 그가 툴툴거렸습니다.

루실은 그녀의 이를 모두 드러내며 아주 크게 미소 지었습니다.

"치즈!" 그녀는 정말 크게 노래 불렀습니다 "치즈! 치즈! 치즈, 치즈, 치즈!"

그런 다음 그녀는 계속해서 치즈 하고 노래 불렀는데, 치즈 아저씨가 이렇게 말할 때까지 말이죠. "그만하렴."

그녀가 사진을 다 찍고 나서, 루실은 나와 선생님에게로 깡충깡충 뛰어왔습니다.

"너 나 봤니?" 그녀가 물었습니다. "너 내가 얼마나 잘 치즈라고 말하는지 봤지? 그건 내가 크면 모델이 될 것이기 때문이야. 그래서 이미 나는 방법을 알고 있는 거지."

그녀는 그녀의 풍성한 머리를 부풀렸습니다.

"카메라는 내 친구야." 그녀가 말했습니다.

선생님은 그녀의 눈을 굴리며 높이 천장을 올려다보았습니다. 나도 마찬가지로, 그곳을 올려다보았습니다. 하지만 나는 아무것도 보지 못했습니다.

그 후, 학급 단체 사진을 찍을 시간이 되었습니다.

학급 단체 사진은 9반(Room Nine) 모두가 두 줄로 줄을 서는 때입니다.

큰 아이들은 뒷줄에 섭니다. 그리고 작은 아이들은 앞줄에 섭니다.

나는 작은 아이입니다. 하지만 그건 부끄러워할 일이 아닙니다.

나는 폴리 앨런 푸퍼(Paulie Allen Puffer) 옆에 섰습니다.

그는 나의 공룡 원피스를 아주 감탄하며 바라보았습니다.

"공룡은 사람들의 머리를 물어뜯어." 그가 말했습니다.

나는 얼굴을 찡그렸습니다.

"맞아, 그런데 공룡은 나를 겁먹게 하지 않아. 왜냐면 더 이상 공룡 같은 건 없으니까." 내가 그에게 말했습니다.

"그래서? 네 머리를 물어뜯을 수 있는 괴물 같은 게 여전히 있잖아." 폴리 앨런 푸퍼가 말했습니다. "괴물은 네 침대 바로 밑에 살아, 틀림없어. 우리 큰 형이 말하길 누구나 자기 침대 아래에는 괴물이 산대."

그는 자기 손가락으로 나를 쿡 찔렀습니다.

"너한테도 말이야, 주니 B. 존스." 그가 말했습니다.

나는 팔에 소름이 돋았습니다.

"아니, 나에게는 없어, 폴리 앨런 푸퍼." 내가 말했습니다.

"아니, 너한테도 있어." 그가 대답했습니다. "우리 형은 7학년이야. 그리고 형이 말하길 괴물은 네가 잠들 때까지 기다린대. 그러고 나서 괴물은 네 옆으로 기어오르는 거지. 그리고 괴물은 네 베개 위에 누워. 그리고 괴물은 자기 입에 네 머리가 들어가는지 연습해 봐."

나는 내 귀를 막았습니다. 하지만 폴리 앨런 푸퍼는 더 큰 소리로 말했습니다.

"나는 그걸 증명할 수도 있어." 그가 말했습니다. "너 네 베개에 침 자국이 있는 채로 일어났던 적 없었어?"

나는 아주 열심히 생각했습니다.

"있었어. . . 그런데?"

"그러면 넌 그 자국이 어디에서 왔다고 생각해?" 그가 물었습니다. "그건 네 침대 아래에 사는 괴물에게서 온 거지, 바로 그곳에서 온 거라고. 그건 괴물의 침이었어, 주니 B. 존스."

나는 내 고개를 정말 빠르게 저었습니다.

"아니 그렇지 않아, 폴리 앨런 푸퍼! 너 그런 얘기 그만해! 그리고 난 진심이야!"

그는 그의 눈썹을 추켜올렸습니다.

"글쎄, 그러면 그 자국은 어디에서 왔던 걸까? 넌 네 베개에 침을 흘리지는 않잖아. 그렇지? 너는 아기가 아니니까, 맞지?" 그가 말했습니다.

"아니지! 나를 그렇게 부르지 마! 난 아기가 아니야!" 내가 소리쳤습니다.

폴리 앨런 푸퍼가 팔짱을 꼈습니다.

"그러니까 그러면 그 침 자국은 어디에서 왔던 걸까?" 그가 다시 물었습니다.

"난 모르지." 내가 말했습니다. "그런데 우리 아빠는 나에게 괴물 같은 건 없다고 말했어."

"그래서 뭐? 아빠들은 그렇게 말해야 하는 거야." 폴리 앨런 푸퍼가 말했습니다. "그래야 네가 밤에 잠을 자고 아빠들을 괴롭히지 않을 테니까."

그는 나를 향해 그의 눈을 가늘게 떴습니다.

"게다가, 너는 왜 아빠들과 엄마들이 같은 방에서 함께 잔다고 생각해? 그건 그래야 그들이 괴물로부터 서로를 지킬 수 있기 때문이야. 안 그러면 그들의 머리가 물어 뜯길지도 모르거든."

바로 그때, 나는 그 끔찍한 생각에 내 코를 찡그렸습니다. 그 후 나는 내 혀를 내밀었습니다. 그리고 나는 토할 것 같은 표정을 지었습니다.

그리고 이거 아세요?

치즈 아저씨가 학급 단체 사진을 찍었습니다.

2장 그냥 맞아라고 해!

학교 사진을 찍고 나서, 우리는 9반으

로 돌아갔습니다.

나는 내 책상 위에 머리를 대고 엎드 렸습니다.

"괴물 같은 건 없어. 괴물 같은 건 없다고." 나는 혼잣말로 속삭였습니다. "왜냐면 바로 우리 아빠가 나에게 그렇게 말했기 때문이야. 그리고 아빠가 나한테 거짓말하지는 않았을 거야. . . 아마도."

선생님은 나에게 내 의자에서 똑바로 앉으라고 말했습니다.

그녀는 우리가 할 활동지를 나누어 주었습니다.

그것은 바로 또박또박 글자 쓰기입니다. 하지만 나는 사실 그것을 별로 하고 싶지 않았습니다.

나는 루실이라는 이름의 나의 가장 친한 친구를 톡톡 쳤습니다.

"그거 알아, 루실? 괴물 같은 건 없어. 정말, 정말로 없지. 그리고 그래서 괴물은 내 침대 아래에 살지도 않아, 아마도 말이야. 그렇지, 루실? 그렇지? 맞지?"

"쉿! 나 글자 쓰고 있잖아." 그녀가 말했습니다.

"맞아, 루실. 나는 네가 글자 쓰고 있다는 걸 알아. 그렇지만 나는 그냥 너에게 괴물에 대해 말하고 싶었을 뿐이야. 왜냐면 괴물은 심지어 진짜도 아니니까. . . 맞지?"

루실은 맞아라고 말하지 않았습니다.

"왜 넌 맞아라고 하지 않는 거니, 루실? 그냥 맞아라고 해. 알겠지? 그냥 괴물은 진짜가 아니야라고 말해. 그러면 내가 너를 더 이상 괴롭히지 않을게."

갑자기, 루실이 씩씩댔습니다.

"자 너 때문에 내가 한 걸 봐, 주니 B.! 넌 나의 대문자 G를 망치게 했어! 내가 너한테 날 괴롭히지 말라고 했잖아!"

그녀는 빠르게 그녀의 종이를 움켜쥐고 그것을 고치러 선생님에게로 달려갔습니다.

나는 내 손가락들을 나의 책상 위에 톡톡 두드렸습니다.

그런 다음 나는 돌아서서 내 뒤를 보았습니다.

나는 울보 윌리엄(William)이라는 이름의 남자아이를 보고 미소 지었습니다.

"그거 아니, 윌리엄. 괴물 같은 건 없어. 그리고 그래서 괴물은 내 침대 아래에 살지도 않지, 아마도 말이야. 그렇지? 윌리엄? 그렇지? 맞지?"

윌리엄은 자신의 자리를 나에게서 멀리 옮겼습니다.

나는 내 의자에 앉은 채로 그를 따라갔습니다.

"내가 맞잖아, 안 그래, 윌리엄? 괴물

은 정말로 내 침대 아래에 살지 않잖아, 그렇지? 그리고 또, 괴물은 자기 입에 내 머리를 넣어 보지 않잖아."

윌리엄은 조금 더 멀리 그의 의자를 밀어 움직였습니다.

나는 그를 쫓아 서둘러 갔습니다.

"그냥 맞다고 해. 알았니, 윌리엄? 그냥 내 침대 아래에 괴물이 없다고 말해. 그러면 난 내 갈 길 갈게."

윌리엄은 그의 의자를 들어 올렸습니다. 그는 교실 한가운데까지 쭉 그 의자를 옮겼습니다.

그래서 나도 마찬가지로, 교실 한가운데까지 내 의자를 옮겨야 했던 것입니다.

나는 앉아서 아주 상냥하게 미소 지었습니다.

"맞지, 윌리엄? 내가 맞지, 안 그래?" 내가 말했습니다.

그렇지만 나에게는 안타까운 일이었습니다. 왜냐면 바로 그때 내가 내 어깨 위에 손이 얹어진 것을 느꼈기 때문입니다.

나는 위를 올려다보았습니다.

그것은 선생님이었습니다.

나는 침을 한 번 꿀꺽 삼켰습니다.

"안녕하세요. 오늘 기분 어때요?" 나는 살짝 긴장해서 말했습니다.

선생님은 내 의자를 나의 책상으로 홱 돌려보냈습니다.

그것은 재미있지 않았습니다.

나는 빠르게 내 연필을 집어 들었습니다.

"그거 알아요? 나는 이제부터 내 활동지를 풀 거예요." 내가 말했습니다. "그리고 또, 나는 말도 하지 않을 거예요. 왜냐면 나는 사실 여기에 있는 그 누구도 좋아하지 않거든요."

선생님은 나를 보며 자신의 발을 툭툭 두드렸습니다.

"선생님 신발 예쁘네요." 내가 매우 부드럽게 말했습니다.

그녀는 계속해서 발을 툭툭 두드렸습니다.

하지만 바로 그때, 정말 엄청난 일이 일어났습니다. 그리고 그것은 바로, 학교 수업의 끝을 알리는 종이 울린 것입니다!

나는 서둘러 문밖으로 나갔습니다.

그리고 나서 나와 그레이스(Grace)라는 이름의 다른 나의 가장 친한 친구는 버스로 함께 뛰어갔습니다.

"그레이스! 그레이스! 이거 알아? 괴물 같은 건 없어! 그리고 그래서 내 침대 아래에는 괴물이 살지도 않지, 아마도 말이야. 맞지, 그레이스? 맞지?"

그 그레이스는 맞아라고 말하지 않았습니다.

그래서 내가 그녀의 어깨를 움켜쥐게 된 것입니다. 그리고 나는 그녀를 흔

들고 또 흔들었습니다. 왜냐면 나는 이런 사람들한테 진저리가 났거든요, 그래서 그렇죠.

"너는 어째서 맞아라고 하지 않는 거니, 그레이스? 왜 아무도 맞아라고 하지 않는 거야? 왜냐면 내가 이걸 참는 데도 한계가 있거든!"

그 그레이스는 자신의 몸에서 내 손을 떼어 냈습니다.

"나는 맞아라고 말할 수 없어, 왜냐하면 괴물은 정말로 네 침대 아래에 살지도 모르거든, 주니 B." 그녀가 말했습니다.

내 눈이 그녀를 향해 휘둥그레졌습니다.

"아니야, 그레이스! 아니야! 그렇게 말하지 마! 괴물이 내 침대 아래에 살지도 모르겠다고 하지 마! 왜냐면 그건 사실일 수 없거든. 그게 아니라면 내가 지금쯤 그 녀석을 발견했을 거야!"

"아니, 넌 그러지 못했을 거야." 그녀가 말했습니다. "우리 큰언니가 그러는데 괴물은 네가 자기를 볼 때 스스로를 투명하게 만들 수 있대. 그리고 그래서 그게 바로 지금껏 아무도 괴물을 보지 못한 이유인 거지."

그 그레이스는 나를 진지하게 바라보았습니다.

"맞는 말이지, 안 그래? 응, 주니 B.? 맞지?"

바로 그때, 내 목은 말라 갔습니다. 그리고 내 배는 떨려 왔습니다.

나는 몹시 속상하여 창밖을 바라보았습니다.

그리고 나는 맞아라고 말하지 않았습니다.

3장 가장 투명한 녀석

나는 내 집 안으로 뛰어 들어가 나의 헬렌 밀러(Helen Miller) 할머니에게 소리쳤습니다.

"밀러 할머니(Grandma Miller)! 헬렌 밀러 할머니! 나 집에 와서 너무 기뻐요! 왜냐면 오늘 나는 학교에서 별로 좋지 않은 하루를 보냈거든요!"

밀러 할머니는 부엌에 있었습니다. 그녀는 올리(Ollie)라는 이름의 내 남동생을 안고 있었습니다.

나는 그녀의 앞에서 위아래로 폴짝 뛰었습니다.

"나도 안아 주세요! 나도 안아 줘요! 나도 안아 달라고요!"

"지금 당장은 안 돼, 아가씨." 그녀가 말했습니다. "난 올리 때문에 아주 바빠."

"알아요, 하지만 걔를 바닥에 놓으면 되잖아요." 내가 말했습니다. "왜냐면 나는 여기 밑에서 포옹이 필요하단 말이에요, 헬렌."

밀러 할머니는 몸을 숙여 나를 안았습니다.

그녀는 자기를 헬렌이라고 부르지 말라고 했습니다.

"너 네 옷을 갈아입으러 가는 게 어떠니?" 그녀가 말했습니다. "그런 다음 너하고 내가 팝콘을 조금 만들어 보는 거야. 그리고 네가 내게 너의 하루에 대해 전부 말하면 된단다. 그건 어때?"

바로 그때, 내 얼굴 전체가 행복해졌습니다. 왜냐면 팝콘은 내가 전 세계에서 가장 좋아하는 것이니까요!

"만세!" 내가 외쳤습니다. "팝콘 만세!"

나는 내 방으로 곧장 뛰어 들어갔습니다. 그러고 나서 나는 내 신발과 양말을 벗었습니다. 그리고 나의 발은 바닥 위에서 행복한 춤을 추었습니다. 그것은 바로 행복한 발의 팝콘 춤이라고 불립니다.

발들은 빙글빙글 돌며 춤을 추었습니다. 또한, 그것들은 내 침대 위로 뛰어올랐습니다. 그리고 그것들은 바닥으로 뛰어 내려갔습니다. 그리고 그것들은 내 카펫 위에서 크게 빙글빙글 돌았습니다.

나는 정말 기뻐하며 내 손뼉을 쳤습니다.

"할머니! 저기요, 할머니! 이거 알아

요? 나는 여기에서 즐거운 시간을 보내고 있어요! 그리고 그래서 나는 내 침대 아래에 사는 괴물에 관해 전혀 생각하고 있지도 않죠!"

바로 그때, 나는 침을 한 번 꿀꺽 삼켰습니다.

왜냐면 내 생각에, 나는 그 말을 하지 말았어야 했거든요.

나는 살짝 긴장한 채로 내 침대를 보았습니다.

만약 괴물이 바로 지금 이 순간 저 아래에 있으면 어쩌죠?

그리고 만약 그 괴물이 내 토실토실한 발가락을 쳐다보고 있으면 어쩌죠?

그리고 만약 그 괴물이 내 발가락을 먹고 싶어 하면요?

"이런." 내가 말했습니다. "이런. 어떡하지. 왜냐면 내 생각에, 토실토실한 발가락은 꼭 자그마한 비엔나소시지처럼 생겼거든."

나는 내가 서 있던 바로 그곳에서 얼어붙었습니다.

"밀러 할머니! 밀러 할머니! 빨리 와 봐요! 나 할머니가 필요해요!" 내가 소리 질렀습니다.

밀러 할머니는 내 방으로 뛰어왔습니다. 그런 다음 그녀는 나를 들어 올렸습니다. 그리고 그녀는 나를 아주 꽉 껴안았습니다.

"도대체 뭐가 문제니?" 그녀가 물었

습니다.

그녀는 나를 안고 내 침대 위에 앉았습니다.

"안 돼요, 할머니! 안 돼요! 안 돼! 우리는 여기에 앉으면 안 돼요!"

나는 그녀의 품에서 비집고 나와 내 방문 밖으로 나갔습니다.

"내 침대 아래에는 괴물이 살아요!" 내가 소리쳤습니다.

나는 위아래로 폴짝 뛰었습니다.

"뛰어요, 헬렌! 바람처럼 뛰어요!"

하지만 헬렌 밀러 할머니는 뛰지 않았습니다. 그녀는 그냥 내 이불 위로 다시 주저앉았습니다. 그리고 그녀는 그녀의 두 눈을 감았습니다.

"아니, 주니 B. *제발*. 우리는 이 괴물 이야기를 또다시 하지 않을 거야, 그렇지? 우리는 전에 괴물에 관해 이야기했잖아, 기억하지? 우리는 괴물 같은 건 없다고 결론을 지었지."

"네, 하지만 나는 새로운 정보가 있어요." 내가 말했습니다. "왜냐면 내 침대 아래에 사는 괴물은 우리가 녀석을 쳐다볼 때마다 자신의 몸을 투명하게 만드니까요. 그리고 밤에—내 눈이 감기고 나면—그 괴물이 내 옆으로 기어 와요. 그리고 녀석은 자기 입 안에 내 머리를 집어넣어 본대요."

밀러 할머니는 숨을 깊이 들이마셨습니다. 그리고 나서 그녀는 부엌으로 갔습니다. 그리고 그녀는 우리 아빠의 손전등을 가지고 돌아왔습니다.

그녀는 손전등으로 내 침대 아래를 비추었습니다.

"괴물은 없어, 주니 B. 하나도. 나는 이 침대 아래에 단 하나의 괴물도 보이지 않는걸." 그녀가 말했습니다.

"알겠죠?" 내가 말했습니다. "그게 내 말을 증명하는 거예요, 할머니! 괴물이 자신의 몸을 투명하게 만들었던 거죠!"

밀러 할머니는 자신의 고개를 저었습니다.

"아니야, 주니 B. 괴물이 자기 몸을 투명하게 만들었던 게 *아니란다*. 괴물은 그냥 *거기에* 없는 거야. 그 녀석은 *존재하지 않아*. 이야기 끝."

"아니요, 괴물은 존재해요, 할머니! 괴물은 완전 존재하죠. 왜냐면 폴리 앨런 푸퍼의 큰형도 심지어 그렇게 말했으니까요. 그리고 또 나는 침 자국도 본 적이 있어요."

밀러 할머니는 내 목소리를 가라앉히라고 말했습니다. 그녀는 내게 물 한 잔을 주었습니다.

"우리 우선 괴물을 잊어버리면 어떨까, 그리고 우리 팝콘을 만들러 가는 거야. 넌 너희 엄마가 집에 오면 엄마한테 이 문제에 관해 이야기해 보면 될 거야. 내가 장담하건대 엄마는 무엇을 해야 할지 정확히 알 거란다."

나는 생각하고 또 생각했습니다.

"무엇을요, 할머니? 엄마가 뭘 할 거죠?" 내가 물었습니다.

그때—갑자기—번쩍이는 생각이 내 머릿속을 지나갔습니다.

"저기요! 나 엄마가 뭘 할지 알아요! 엄마는 빗자루를 가져와서 괴물의 머리를 세게 칠 거예요! 왜냐면 나는 엄마가 전에 바퀴벌레에 그렇게 하는 걸 봤거든요! 그리고 엄마는 그걸 아주 잘하고요!"

밀러 할머니는 다시 한번 눈을 감았습니다.

그녀는 내가 독특한 아이라고 했습니다.

4장 으스스하고 무서운 느낌

얼마 지나지 않아, 엄마가 퇴근하고 집에 왔습니다.

나는 정말 잽싸게 그녀에게 달려갔습니다. 그리고 그녀에게 빗자루를 건넸습니다.

"엄마! 엄마! 어서요! 어서! 같이 가요! 같이 괴물을 잡으러 가요!" 나는 소리쳤습니다.

엄마는 아주 천천히 그녀의 고개를 돌렸습니다. 그리고 그녀는 밀러 할머니를 쳐다보았습니다.

할머니는 자신의 양 볼을 안쪽으로 쏙 빨아들였습니다.

"괴물 있잖아." 그녀는 조금 조용하게 말했습니다. "침대 아래에 사는 괴물 말이야. 우리는 네가 집에 오기를 기다리고 있었어. 네가 괴물의 머리를 세게 칠 수 있게 말이다."

나는 그녀의 스웨터를 잡아당겼습니다.

"그리고 엄마한테 침 자국에 대해 말해 줘요, 할머니!" 내가 말했습니다.

하지만 밀러 할머니는 현관문으로 향했습니다. 그리고 그녀는 난 여기서 *빠져야겠구나*라는 말을 했습니다.

나는 엄마의 팔을 잡아당겼습니다.

"어서요! 어서요, 엄마! 괴물이 진짜 진짜란 말이에요! 왜냐면 폴리 앨런 푸퍼가 나에게 누구나 침대 아래에 괴물이 산다고 말해 줬거든요! 게다가 그 그레이스는 괴물이 투명하게 변할 수 있다고 했어요. 그리고 그래서 그것 때문에 우리가 그 녀석을 전에 본 적이 없었던 거예요."

엄마는 부엌 식탁에 앉았습니다. 그리고 그녀는 나를 들어 올려서 자기 무릎 위에 앉혔습니다.

그다음에 그녀는 폴리 앨런 푸퍼가 그냥 나를 겁주려 했던 것이라고 말했습니다. 그리고 그 그레이스는 자기가 무슨 말을 하는지 몰랐던 거라고요.

"네 침대 아래에는 괴물이 없어, 주니 B. 엄마가 맹세해. 괴물은 진짜가 아니야." 그녀가 말했습니다.

"아니요, 그들은 진짜예요! 그들은 완전 진짜예요! 왜냐하면 폴리 앨런 푸퍼의 형도 그렇게 말했으니까요! 그리고 그 오빠는 7학년이래요! 그리고 그 오빠는 괴물이 우리의 침대 위를 기어 다닌다고 했어요! 그리고 괴물이 자기 입 속에 우리 머리를 넣어 본다고도 했죠! 그리고 그래서 그게 바로 침이 나오는 곳이에요! 왜냐하면 나는 아기도 아니니까요!"

바로 그때, 나는 현관문이 열리는 소리를 들었습니다.

그것은 나의 아빠였습니다! 아빠도 마찬가지로, 퇴근하고 집에 왔습니다!

"아빠, 아빠! 내 침대 아래에는 괴물이 살아요! 하지만 아빠는 괴물이 진짜가 아니라고 말했었죠. 그런데 괴물은 정말, 정말로 진짜예요!"

나는 그의 팔을 잡아당겼습니다.

"어서요, 아빠! 괴물 잡으러 가요!"

아빠는 엄마를 아주 오랫동안 바라보았습니다.

그들은 복도로 가서 속삭였습니다.

얼마 지나지 않아, 아빠는 내게로 돌아왔습니다.

그는 저녁 식사를 하고 나서 우리가 괴물을 찾으러 갈 것이라고 말했습니다. 하지만 먼저 우리는 석쇠로 햄버거를 요리할 거라고 했죠.

"맙소사!" 내가 말했습니다. "맙소사! 왜냐하면 햄버거는 전 세계에서 내가 가장 좋아하는 것이니까요! 그리고 또 나는 파스게티(pasketti)와 미트볼도 좋아해요."

그 후, 나와 아빠는 밖으로 나갔습니다.

그는 햄버거용 뒤집개를 가져왔습니다. 그러고 나서 그는 또, 나에게도 뒤집개를 주었습니다. 왜냐하면 나는 다 컸으니까요, 그래서 그렇죠.

나는 그것을 가지고 사방으로 뛰어다녔습니다.

나는 돌과 꽃과 흙덩어리를 뒤집었습니다. 그리고 또, 나는 내가 진입로에서 찾은 죽은 도마뱀을 뒤집었습니다.

그러자 엄마는 내 뒤집개를 빼앗아 갔습니다.

왜냐하면 나는 다 큰 게 아니었거든요, 그래서 그렇죠.

저녁 식사가 끝나고 나는 목욕을 했습니다.

그러고 나서 엄마와 아빠는 내게 이야기를 읽어 주었습니다. 그리고 그들은 잘 자라고 인사하며 나를 꺼안아 주었습니다.

"아침에 보자." 엄마가 말했습니다.

"아침에 보자." 아빠가 말했습니다.

나는 내 침대에서 일어나 앉았습니다.

"좋아요, 하지만 나는 여기서 잘 수 없는걸요. 왜냐면 엄마 아빠가 아직 그 괴물을 내려치지 않았기 때문이에요."

아빠는 그의 피곤한 눈을 비볐습니다.

"괴물은 없어, 주니 B. 무서워할 것 없단다." 그가 말했습니다.

그런 다음 그는 내게 뽀뽀했습니다. 그리고 그는 내 방에서 나갔습니다. 그리고 엄마는 아빠와 함께 갔습니다.

나는 재빠르게 침대에서 나와 그 둘을 따라갔습니다.

그들은 뒤를 돌아 나를 발견했습니다.

"안녕하세요. 오늘 기분 어때요?" 내가 아주 상냥하게 말했습니다. "나는 부엌에 앉아서 아무도 괴롭히지 않을 거예요. 그리고 또, 나는 10시에 하는 생중계 뉴스(Eyewitness News)를 볼지도 모르죠."

엄마는 나를 다시 침대로 데려갔습니다.

나는 다시 한번 그녀를 따라 나갔습니다.

"레몬 파이 구울래요? 레몬 파이 굽기는 재미있을 거예요, 안 그래요?" 내가 물었습니다.

이번에, 엄마는 아주 빠르게 나를 내 방으로 다시 끌고 갔습니다.

"다시는 일어나지 말렴, 주니 B." 그녀가 말했습니다. "이제 그만해."

나는 그녀의 발이 멀리 사라지기를 기다렸습니다.

그러고 나서 나는 내 남동생의 방에 까치발로 들어갔습니다. 그리고 나는 그의 아기 침대에 올라갔습니다.

침대 안은 굉장히 비좁았습니다.

그게 바로 내가 침대에서 나와 아기 올리를 바닥에 내려놓아야 했던 이유입니다.

그런 다음 나는 그의 아기 침대 안으로 다시 올라갔습니다. 그리고 나는 아주 따뜻하고 포근하게 담요를 끌어당겨 덮었습니다.

하지만 나에게는 좋지 않은 일이 일어났어요, 왜냐면 바로 그때 그 울보 아기가 소리 지르기 시작했으니까요.

아빠는 아주 잽싸게 방으로 뛰어 들어왔습니다.

그는 불을 켜고 나를 발견하였습니다.

나는 침을 한 번 꿀꺽 삼켰습니다.

"안녕하세요. 오늘 기분 어때요?" 나는 살짝 긴장한 채로 말했습니다. "나는 정말 따뜻하고 포근해요."

아빠는 재빨리 그곳에서 나를 휙 빼냈습니다.

그러고 나서 그는 아기 올리를 다시

아기 침대에 눕혔습니다.

그리고 그는 내 침대로 나를 다시 데려갔습니다.

"자. 이제 끝이야." 그가 툴툴댔습니다. "이번이 아빠가 여기로 오는 *마지막*이야. 이해하겠니, 아가씨? 이 침대 밖으로 *다시는* 나오지 말렴."

나는 아주 살짝 울기 시작했습니다.

"좋아요, 그런데 괴물은 어떻게 하고요?" 내가 말했습니다. "왜냐면 내 생각에, 괴물은 아직도 내 침대 아래에 있으니까요."

아빠는 그의 손을 공중으로 내던졌습니다.

그런 다음 그는 내 방의 불을 켰습니다. 그리고 그는 온 사방으로 괴물을 찾아다녔습니다.

먼저, 그는 내 침대 아래를 보았습니다. 그러고 나서 그는 내 옷장 안을 보았습니다. 그리고 내 서랍 안을요. 그리고 내 쓰레기통 안도요. 게다가 또, 그는 내 크레파스 상자 안도 들여다보았습니다.

"괴물은 없어, 주니 B." 그가 말했습니다. "어디에도 괴물이 없어. 너는 아빠를 믿어야 해. 괴물은 진짜가 아니야!"

그는 내 침대 위에 앉았습니다.

"아빠는 이제 갈 거야." 그가 말했습니다. "아빠는 네 방문을 열어 둘 거야."

그리고 아빠가 복도 불을 켜 놓을 거고. 하지만 이게 끝이야, 알았지? 너는 아빠를 신뢰해야 해, 주니 B. 네 침대 아래에 사는 괴물은 *없어*."

나는 그의 셔츠를 꼭 붙잡았습니다.

"네, 그런데 내 이불을 잘 집어넣어 주세요. 알겠죠? 이불을 정말 단단히 넣어 주세요. 안 그랬다간 내 발이 옆으로 빠져나올지도 모르니까요. 그리고 토실토실한 발가락은 작은 비엔나소시지처럼 생겼거든요."

아빠는 내 이불을 집어넣어 주었습니다. "됐다. 이제 잘 자렴."

"알겠어요, 그런데 내 곰 인형을 가져다주세요. 알겠죠, 아빠? 그리고 또 루스(Ruth)라는 이름의 내 누더기 인형 앤(Raggedy Ann)을 가져다 줘요. 그리고 래리(Larry)라는 이름의 내 누더기 인형 앤디(Raggedy Andy)도요. 그리고 필립 조니 밥(Philip Johnny Bob)이라는 이름의 내 코끼리 인형도요."

아빠는 그 녀석들을 모두 내게 가져다주었습니다. 그는 그 인형들을 침대 안으로 꼭 넣어 주었습니다.

"됐다. 다 끝났어. 이제 잘 자렴." 그가 말했습니다.

그는 내 방에서 곧장 걸어 나갔습니다. 그리고 그는 계속해서 복도를 따라갔습니다.

나는 어둠 속을 이리저리 살폈습니

다.

어둠 속은 으스스하고 무서웠습니다.

"필립 조니 밥이 물 한 잔 마시고 싶대요!" 나는 정말 큰 소리로 외쳤습니다.

나는 기다리고 또 기다렸습니다.

"좋아요, 그런데 얘는 정말, 정말로 물이 필요해요! 왜냐하면 얘는 코에 문제가 있거든요!"

아빠는 오지 않았습니다.

"누더기 인형 루스는 휴지(Kleenex) 한 장이 필요하대요!" 나는 다음으로 외쳤습니다.

그 후, 내 목소리는 더 조용해졌습니다.

"누더기 인형 래리는 쿠키가 먹고 싶대요." 내가 말했습니다.

하지만 여전히 아빠는 오지 않았습니다.

5장 내 인생 가장 최악의 밤

내 인생 가장 최악의 밤이었습니다.

나는 한숨도 못 잤습니다.

그것은 내가 계속해서 나의 눈을 뜨고 있어야 했기 때문입니다. 안 그랬다간 괴물이 투명한 채로 있지 않을 테니까요.

나는 엄마와 아빠가 잠자리에 드는 소리를 들었습니다

"잘 자요, 여러분! 잘 자요! 나예요! 주니 B. 존스요! 나는 여전히 여기에서 깨어 있어요. 왜냐하면 나는 내 눈을 감을 수 없는데 안 그러면 괴물이 나타날 테니까요!"

엄마와 아빠는 소리쳐 대답해 주지 않았습니다.

"그리고 여기 내가 엄마 아빠에게 말해야 할 게 또 있죠! 복도 불을 끄지 말아요. 그리고 내 방문을 닫지 말아요! 그리고 엄마 아빠의 방문도 마찬가지로, 닫지 말아요!"

"얼른 자렴!" 엄마가 짜증 냈습니다.

나는 아주 안심하여 미소 지었습니다.

"엄마 목소리를 들을 수 있어서 좋았어요." 나는 살짝 조용히 말했습니다.

그 후, 엄마와 아빠는 침대에 누웠습니다. 그리고 그들은 그들 방의 불을 껐습니다.

아빠는 코를 골기 시작했습니다.

"안 돼." 내가 말했습니다. "이제 괴물이 나타나면 아빠는 나를 구할 수 있게 깨어 있지도 않을 거야."

나는 필립 조니 밥을 내 이불 속에서 꺼냈습니다.

"내가 너를 구해 줄게." 그가 말했습니다. "내가 괴물의 얼굴에 물을 쏠게.

그리고 내가 녀석을 나의 거대한 코끼리 발로 쿵쿵 짓밟을게. 그리고 그러니까 이제 너는 네 눈을 감아도 돼. 그리고 너는 심지어 그 녀석에 대해 걱정할 필요도 없는 거지."

나는 그를 바라보고 또 바라보았습니다.

"좋아, 그런데 문제가 있어." 내가 말했습니다. "넌 네 안에 단지 솜으로만 채워져 있어서 사실 강하지 않잖아. 그리고 또 너는 진짜로 물을 쏠 수도 없고. 그리고 그래서 내가 지금 뭐라는 거니?"

필립 조니 밥은 아주 오랫동안 나를 쳐다보았습니다.

그러고 나서 그는 다시 이불 속으로 들어갔습니다.

갑자기 나는 복도에서 발소리를 들었습니다.

내 생각에, 그것은 괴물의 발소리였습니다!

그것들은 계속해서 내게로 더 가까이 그리고 더 가까이 왔습니다.

그런 다음 얼마 지나지 않아 그것들은 내 방으로 곧장 뛰어 들어왔습니다!

그리고 이거 아세요?

그것은 나의 강아지, 티클(Tickle)이었습니다! 바로 그거예요!

"티클! 티클! 나는 널 만나서 너무 기뻐! 왜냐면 이제 네가 나를 괴물로부터 지켜 줄 테니까! 그리고 그러니까 왜 내가 이 방법을 전에 생각하지 않았을까?"

나는 내 이불을 걷고 그가 뛰어오를 곳을 톡톡 쳤습니다.

"여기야, 티클! 너는 바로 내 베개 위에서 잘 수 있어! 왜냐면 엄마는 심지어 이걸 알아내지도 못할 테니까!"

티클은 거기로 곧장 뛰어올랐습니다. 그는 내 침대를 이리저리 뛰어다녔습니다.

그는 그의 머리를 내 이불 아래에 넣고 내 발까지 아래로 달려갔습니다.

"안 돼, 티클! 안 돼! 안 돼! 너는 다시 여기로 올라와야 해! 안 그러면 어떻게 네가 나를 지키겠어?"

나는 그를 다시 끌어 올렸습니다.

그는 그의 발을 누더기 인형 래리에게 올려 두었습니다. 그리고 그의 빨간 머리카락을 씹었습니다.

"안 돼, 티클! 안 돼! 안 된다고!" 내가 말했습니다.

바로 그때, 티클은 나를 뛰어넘었습니다. 그리고 그는 필립 조니 밥이라는 이름의 내 코끼리 인형 위로 착지했습니다.

그는 그 녀석의 코를 잡아 들었습니다. 그리고 그 녀석을 이리저리 흔들었습니다.

나는 겨우 필립 조니 밥을 구했습니다.

그러고 나서 나는 티클을 내 침대에서 밀어냈습니다. 그리고 그는 내 방에서 뛰어나갔습니다.

필립 조니 밥은 매우 화나 있었습니다.

나는 그의 코를 어루만졌습니다.

또, 나는 누더기 인형 래리를 껴안았습니다.

그렇지만 내게는 안타까운 일이었습니다. 왜냐면 마침 그때 누더기 인형 루스가 바로 내 침대 밖으로 떨어졌기 때문입니다. 왜냐하면 그 바보 같은 이불이 더는 잘 끼여 있지 않았으니까요.

나와 누더기 인형 래리는 그녀 쪽으로 침대 너머를 살짝 보았습니다.

"그녀를 구해 줘." 누더기 인형 래리가 말했습니다.

"좋아, 하지만 나는 그녀를 구할 수 없어." 나는 몹시 심란하여 말했습니다. "안 그러면 괴물이 내 손을 잡아 나를 바로 침대 아래로 끌고 갈 테니까."

나는 무엇을 해야 할지에 대해 생각했습니다.

그때—갑자기—나는 나의 친구들을 모두 들어 품에 안았습니다.

"우리는 서둘러 달아나야 해." 나는 그들에게 말했습니다. "우리는 오늘 밤 엄마랑 아빠랑 자야 해. 왜냐면 우리가

그들과 함께라면 안전할 테니까. 그리고 엄마 아빠는 아마 우리가 거기에 있는지도 모를 거야. 왜냐면 그들의 침대는 왕이 쓸 만큼 크거든."

나는 내 침대 끝에 섰습니다. 그런 다음 나는 바닥 한가운데로 뛰어내렸습니다. 그리고 나는 빠르게 누더기 인형 루스를 주웠습니다.

나는 엄마와 아빠의 방으로 달려갔습니다.

그들은 자면서 코를 고는 중이었습니다.

"쉿." 나는 누더기 인형 래리에게 말했습니다.

"쉿." 나는 필립 조니 밥에게 말했습니다.

그러고 나서 우리 모두는 그들의 침대 한가운데로 기어갔습니다. 그리고 우리는 그들의 이불 아래로 몰래 들어갔습니다.

하지만 나에게는 안타까운 일이었습니다. 왜냐면 엄마가 필립 조니 밥의 코 바로 위로 몸을 뒤집었기 때문입니다. 그리고 그것은 곧바로 그녀를 깨웠습니다.

그녀는 불을 켰습니다.

나는 침을 한 번 꿀꺽 삼켰습니다.

"안녕하세요. 오늘 기분 어때요? 나하고 내 친구들이 여기서 자고 있어요. 왜냐면 우리는 엄마가 신경 쓸 거라고

생각하지 않았거든요, 아마도요."

엄마는 아주 잽싸게 나를 내 방으로 다시 데려갔습니다.

그러고 나서 그녀는 내 귀 쪽으로 바짝 몸을 숙였습니다. 그리고 그녀는 그녀의 이를 꽉 문 채 정말 무섭게 말했습니다.

"더. . . 이. . . 상. . . 침대. . . 에. . . 서. . . 나오. . . 지. . . 마." 그녀가 말했습니다.

그리고 그래서 맞혀 볼래요?

나는 침대에서 나오지 않았습니다.

6장 납작이

다음 날 학교에서, 나는 피곤하고 지쳐 있었습니다.

나는 내 손가락으로 한쪽 눈을 뜨고 있었습니다. 그리고 나는 미술 수업을 위해 그림을 그렸습니다.

그 그림은 그렇게 훌륭하게 나오지는 않았습니다.

그 후, 나는 내 두 손으로 고개를 받치고 있었습니다. 그리고 나는 학교가 끝나기를 기다렸습니다.

나와 그 그레이스는 함께 버스를 타고 집으로 갔습니다.

나는 하품하고 또 하품했습니다.

"이런, 그레이스. 네가 나에게 괴물이 투명하게 변할 수 있다는 말을 아예 하지 않았다면 좋았을텐데. 왜냐면 이제 나는 밤에 내 눈을 감을 수조차 없거든."

"난 감을 수 있어." 그 그레이스가 말했습니다. "그건 내 침대 아래에 더 이상 괴물이 살지 않기 때문이야. 우리 엄마가 괴물을 없애는 방법을 알아냈어."

내 눈이 휘둥그레졌습니다.

"어떻게, 그레이스? 너네 엄마가 어떻게 그걸 한 거야?"

"쉬워." 그 그레이스가 말했습니다. "먼저, 엄마는 괴물을 진공청소기로 빨아들였어. 그런 다음 엄마는 청소기의 먼지 봉투를 쓰레기 압축기에 넣었지. 그리고 엄마는 괴물을 납작이로 만들었어."

바로 그때, 나는 그 여자아이를 껴안고 또 껴안았습니다! 왜냐면 그건 훌륭했으니까요, 그렇고말고요!

"고마워, 그레이스! 고마워! 고마워! 왜냐면 나는 바로 우리 집에 진공청소기가 있기 때문이야! 그리고 그래서 나도 마찬가지로 그렇게 할 수 있겠어, 아마도 말이야!"

내가 버스에서 내린 후에, 나는 내 집으로 아주 재빨리 뛰어갔습니다.

"밀러 할머니! 밀러 할머니! 나 괴물을 없애는 방법을 알아요!" 내가 소리쳤습니다.

그런 다음 나는 벽장으로 뛰어가 엄마의 진공청소기를 꺼냈습니다. 그리고 나는 그 커다란 것을 내 방까지 쭉 끌고 갔습니다.

밀러 할머니도 내 방문으로 왔습니다.

나는 그녀에게 괴물을 없애는 방법에 관해 전부 말했습니다. 그리고 이거 아세요? 그녀는 그 일을 잘 받아들였어요!

먼저, 그녀는 내 방 벽에 바로 진공청소기 코드를 꽂았습니다. 그런 다음 그녀는 침대 아래에 그것을 넣었습니다. 그리고 그녀는 괴물을 그곳 밖으로 빨아들였어요!

"만세! 만세! 할머니가 녀석을 잡았어요! 할머니가 괴물을 잡았다고요, 할머니!" 내가 아주 신이 나 소리쳤습니다.

밀러 할머니는 먼지 봉투를 가지고 부엌으로 뛰어갔습니다. 그리고 그녀는 그것을 쓰레기통에 버렸습니다.

"됐다. 이건 효과가 있을 거란다." 그녀가 정말 행복하게 말했습니다.

나는 쓰레기를 보고 또 보았습니다.

그다음에 나는 살짝 얼굴을 찡그렸습니다.

"맞아요, 그런데 문제가 있어요, 할머니. 할머니는 사실 쓰레기 압축기에 먼지 봉투를 넣지 않았어요. 그리고 그게

바로 괴물을 납작이로 만드는 물건이고요."

밀러 할머니는 미소 지었습니다.

"그래, 하지만 이 집에는 쓰레기 압축기가 있지 않아, 주니 B." 그녀가 말했습니다. "네 괴물은 그냥 청소기 먼지 봉투 안에 있어야 하는 거지."

나는 더 심하게 얼굴을 찡그렸습니다.

"좋아요, 그런데 만약 괴물이 새어 나오면요, 할머니? 그런 다음 어쩌면 괴물은 공중을 떠다닐지도 몰라요. 내 방으로 다시 쭉 돌아올지도 몰라요. 그리고 괴물은 다시 내 침대 아래로 들어갈 거예요."

밀러 할머니는 그녀의 손가락으로 조리대를 톡톡 두드렸습니다. 그리고 나서 그녀의 볼은 공기로 가득 채워졌습니다. 그리고 그녀는 아주 천천히 공기를 내보냈습니다.

"좋아... 이건 어떠니? 만약 내가 그걸 밖에 내놓으면? 할머니가 봉투를 밖에다가 내놓을게. 그리고 내가 그 봉투를 커다란 쓰레기통 안으로 쑥 밀어넣을게. 그리고 그런 다음 내가 쓰레기통 뚜껑을 아주 꾹 눌러서, 괴물이 빠져나올 수 없도록 할게."

"좋아요, 하지만 괴물은 여전히 납작이가 되지 않을 텐데요." 내가 매우 징징거리며 말했습니다.

바로 그때, 밀러 할머니는 속으로 짜증이 났습니다.

그녀는 진공청소기 먼지 봉투를 들고 밖으로 뛰어갔습니다.

그 후 그녀는 그 봉투를 차 진입로에 두었습니다.

그리고 그녀는 자기의 차에 탔습니다.

그리고 그녀는 후진하여 타이어로 그 봉투 위를 지나갔습니다.

얼마 지나지 않아, 그녀가 다시 집으로 돌아왔습니다.

그녀는 자신의 두 손을 함께 탈탈 털었습니다.

"됐다! 이제 괴물은 납작이가 되었어!" 그녀가 살짝 으르렁거리듯 말했습니다.

그녀가 떠나고 나서, 나는 소파에 앉았습니다. 그리고 나는 매우 긴장한 채 진입로를 바라보았습니다.

왜냐면 맞혀 볼래요?

차는 쓰레기 압축기가 아니거든요.

그래서 그렇죠.

7장 으르렁거리는 소리와 킁킁대는 소리

그날 밤, 나는 나의 침대 아래에서 으르렁거리는 소리를 들었습니다.

엄마는 그것이 내 상상('magination)이라고 했습니다.

"아니요, 이건 내 상상이 아니에요." 내가 말했습니다. "나는 으르렁거리는 소리가 들려요. 그리고 또 나는 코 고는 소리와 킁킁대는 소리와 침을 뚝뚝 흘리는 소리가 들려요."

엄마는 그녀의 눈을 굴려 높이 천장을 올려다보았습니다.

"정말, 주니 B... . 너 도대체 이런 생각은 어디서 얻는 거니?" 그녀가 물었습니다.

나는 생각하고 또 생각했습니다.

"이건 그냥 저절로 내 머릿속에 떠올라요." 내가 말했습니다. "내 생각에, 이건 재능이죠."

그 후, 나는 그녀의 침대에서 자게 해 달라고 애원했습니다.

하지만 엄마는 안 된다고 했습니다.

그런 다음 아빠도 마찬가지로, 안 된다고 했습니다.

"너는 우리를 믿어야 해, 주니 B." 그가 말했습니다. "우린 결코 그 무엇도 널 해치도록 두지 않을 거야. 네 방에서 무서워할 건 아무것도 없어."

그리고 그래서 결국 내가 바로 나의 침대에서 자야 했던 것입니다. 밤새도록이요.

그리고 또, 나는 다음 날 밤에도 거기에서 자야 했습니다. 그리고 그 다음 날 밤에도요. 그리고 마찬가지로, 그 다음 다음 날 밤에도요.

그때가 바로 가장 끔찍한 일이 일어났던 밤이었습니다.

왜냐면 내가 실수로 너무 많이 자 버렸거든요. 그리고 괴물은 내 침대 위로 기어 올라왔던 게 틀림없어요. 왜냐면 아침에 내 베개에 침 자국이 있었기 때문이죠!

내가 그걸 알아차렸을 때 나는 아주 크게 소리 질렀습니다.

"도와줘요! 도와주세요! 침 자국이 있어요! 침 자국이 있다고요! 내가 엄마 아빠한테 이런 일이 일어날 거라고 말했죠! 내가 엄마 아빠한테 괴물이 올 거라고 말했잖아요!"

나는 엄마와 아빠의 방으로 뛰어 들어가 그들에게 내 베개를 보여 주었습니다.

엄마는 그녀의 머리를 부여잡았습니다.

"이건 도대체 언제 끝나는 거니?" 그녀가 말했습니다. "너 도대체 언제 괴물 같은 *그런 건 없다는 걸 깨달을래?"*

그녀는 내가 대답하기를 기다리지 않았습니다.

"누구나 가끔 자기 베개에 침을 흘려." 그녀가 말했습니다. "그게 그렇다고 네가 아기라는 뜻은 아니야. 그냥 네가 자고 있을 때 네 입이 벌어지는 것뿐이

야. 그리고 넌 조금 침을 흘리는 거지. 그건 별일이 아니야. 그리고 그건 괴물이 흘린 게 *아니라고!"*

그 후, 그녀는 그녀의 방에서 나와 부엌으로 갔습니다. 그리고 아빠는 올리를 데리러 갔습니다.

나는 그녀의 침대로 기어올라 내 토실토실한 발가락을 셌습니다.

좋은 소식이에요.

10개가 다 있었습니다.

그날 학교 유치부에서, 선생님은 우리를 위한 깜짝 선물을 가지고 왔습니다.

그것은 바로 우리의 학교 사진이 치즈 아저씨에게서 온 것입니다.

선생님은 우리에게 그 사진을 나누어 주었습니다.

루실이 먼저 자기 것을 받았습니다.

내 눈은 그 사진을 보고 튀어나올 뻔했습니다!

"루실! 네 사진이 얼마나 멋진지 봐! 그 사진은 내가 지금까지 본 것 중 가장 멋진 사진이야!" 내가 말했습니다.

루실은 그녀의 풍성한 원피스를 부풀렸습니다.

"나도 알아. 나도 이 사진이 멋지다는 걸 알지. 그건 그냥 내 모습 그대로야, 주니 B. 나도 어쩔 수가 없어."

그 후, 루실은 책상 앞에 섰습니다. 그리고 그녀는 모두가 볼 수 있도록 그

녀의 사진을 들었습니다.

선생님은 그녀에게 앉으렴 하고 말했습니다.

바로 그때, 선생님이 내 옆으로 몸을 숙였습니다. 그리고 그녀는 내 머리를 쓰다듬었습니다.

"주니 B., 얘야? 너는 아마도 네 사진을 다시 찍고 싶어 할지도 모르겠어." 그녀가 약간 조용하게 말했습니다.

그런 다음 그녀는 나의 봉투를 아주 비밀스럽게 내게 건넸습니다. 그래서 아무도 볼 수 없도록 말이죠.

나는 그것들을 살짝 훔쳐보았습니다.

내 뱃속이 메스꺼워졌습니다.

"나는 마치 내가 고약한 냄새를 맡은 것처럼 보여." 내가 말했습니다.

나는 빠르게 내 사진을 숨기려 했습니다. 하지만 루실은 내게서 그것들을 홱 잡아챘습니다.

"으윽! 끔찍해!" 그녀가 말했습니다. "주니 B.는 역겨워 보여!"

나는 그 사진을 다시 빼앗으려 했습니다.

"알아, 하지만 이건 네가 신경 쓸 일도 아닌걸, 아가씨!" 나는 몹시 화가 나 고함쳤습니다.

그렇지만 나에게는 안타까운 일이 일어났습니다. 왜냐면 다른 많은 아이들이 이미 그 사진을 보았기 때문입니다. 그리고 그들은 그것들을 보고 비웃고 또 비웃었습니다.

마침내 나는 내 사진을 다시 빼앗았습니다. 그리고 나는 내 코트 안에 그것들을 숨겼습니다.

나는 그날 남은 하루 내내 9반 친구들과 이야기하지 않았습니다.

8장 무서운-얼굴의 나!

내가 학교에서 집으로 돌아온 후, 나는 나의 침대에 앉았습니다. 그리고 나는 내 사진을 바라보았습니다.

"나는 이 못생기고, 바보 같은 게 싫어!" 나는 무척 화가 나 말했습니다. "이건 내가 지금까지 본 것 중 가장 못생기고 바보 같은 사진이야!"

나는 침대 가장자리 너머로 몸을 숙여 그 아래로 사진을 들었습니다.

"이거 보여? 이거 보이냐고, 이 멍청한 괴물아? 이 사진은 딱 너만큼 무섭지! 그리고 그래서 어쩌면 내가 이걸 내 침대 바로 아래에 둘지도 몰라! 그러면 이게 널 완전 몸서리치게 만들 테니까!"

바로 그때, 나는 아주 똑바로 앉았습니다.

왜냐면 그건 내가 방금 생각해 낸

좋은 대안일 수도 있으니까요!

나는 빠르게 내 가위를 찾았습니다.

그러고 나서 나는 내 학교 사진을 조각내어 잘랐습니다. 그리고 나는 그것들을 내 침대 바로 밑으로 던져 놓았습니다.

"나는 심지어 네가 무섭지도 않아, 이 바보 괴물아! 왜냐면 이 못생긴 사진들이 네 머리를 물어뜯을 수 있으니까!"

바로 그때, 나는 엄마가 퇴근하고 집에 오는 소리를 들었습니다.

"엄마! 엄마! 내 사진이 왔어요! 내 사진이 왔다고요!" 나는 정말 흥분해서 소리 질렀습니다.

그녀는 서둘러 내 방으로 왔습니다.

나는 내 침대 밑을 가리켰습니다.

"저거 보여요, 엄마? 내 학교 사진 보여요? 내가 저 아래에 그것들을 퍼뜨려 놓았어요."

엄마는 나를 의아하다는듯이 쳐다보았습니다.

그녀는 몸을 숙여 사진 한 장을 집었습니다.

그녀의 입에서 헉 하는 소리가 났습니다.

"저런." 그녀가 속삭였습니다.

나는 박수 치고 또 박수 쳤습니다.

"나도 그게 저런이라는 걸 알아요! 그래서 내가 그것들을 내 침대 아래에 둔 거예요! 알겠어요, 엄마? 이해돼요? 이제 내 무서운 얼굴이 항상 거기 아래에 있을 거예요! 그리고 그래서 그 괴물은 이미 겁먹고 달아난 거죠, 틀림없이요!"

갑자기, 엄마가 웃기 시작했습니다.

그러자 나도 마찬가지로, 웃기 시작했습니다.

그리고 여기 행복한 일이 하나 더 있어요. 왜냐면 오늘 아침 내 베개 위에는 더 많은 침 자국이 있었거든요.

하지만 나는 그렇게 걱정되지 않아요.

왜냐면 그것은 틀림없이, 누더기 인형 루스에게서 온 것이니까요. 아니면 아마 그것은 필립 조니 밥에게서 온 것일지도 모르죠.

아니면 혹시 그것이 나에게서 온 것일 수도 있어요.

하지만 그렇다고 내가 아기라는 말은 아니에요.

왜냐면 누구나 가끔 한 번씩 자기 베개에 침을 흘릴 수도 있거든요!

바로 나의 엄마가 내게 그걸 말해 주었어요.

그리고 그녀가 나에게 거짓말하지는 않을 거예요. . .

아마도요.

Chapter 1

1. B "Yeah, only guess what? I don't actually know why I have to say that word. 'Cause what's cheese got to do with it?" I asked. "Cheese makes you smile," said the cheese man. I shook my head. "Not me. Cheese doesn't make me smile," I said. "'Cause sometimes I eat a cheese sandwich for lunch. And I don't even giggle when I swallow that thing."

2. D All of a sudden, the cheese man took my picture. My mouth came wide open at him. "HEY! HOW COME YOU DID THAT? HOW COME YOU TOOK MY PICTURE? 'CAUSE I WASN'T EVEN READY YET!"

3. C After she was done, Lucille skipped over to me and Mrs. "Did you see me?" she asked. "Did you see how good I said cheese? That's because I'm going to be a model when I grow up. So I already know how."

4. A "So? There's still such things as monsters that can bite your head off," said Paulie Allen Puffer. "A monster lives right under your bed, I bet. My big brother says that everybody has a monster under their bed." He poked his finger at me. "Even you, Junie B. Jones," he said. I got shivers on my arms. "No, I do not either, Paulie Allen Puffer," I said. "Yes, you do too," he said back. "My brother is in seventh grade. And he says the monster waits till you're asleep. Then he crawls up next to you. And he lies down on your pillow. And he practices fitting your head in his mouth."

5. D "I can even prove it," he said. "Didn't you ever wake up with a drool spot on your pillow?" I thought very hard. "Yeah . . . so?" "So where do you think it came from?" he asked. "It came from the monster under your bed, that's where. It was monster drool, Junie B. Jones."

Chapter 2

1. C "Guess what, Lucille? There's no such things as monsters. There's really, really not. And so a monster doesn't even live under my bed, probably. Right, Lucille? Right? Right?" "Shh! I'm doing my letters," she said. "Yes, Lucille. I know you are doing your letters. Only I just wanted to tell you about the

monster. 'Cause he's not even real . . . right?"

2. D   Lucille didn't say right. "How come you're not saying right, Lucille? Just say right. Okay? Just say monsters aren't real. And I won't even bother you anymore." All of a sudden, Lucille did a mad breath. "Now look what you made me do, Junie B.! You made me ruin my big G! I told you not to bother me!"

3. B   "Guess what, William. There's no such things as monsters. And so a monster doesn't even live under my bed, probably. Right? William? Right? Right?" William moved his seat away from me. I followed him in my chair. "I'm right, don't you think, William? A monster really doesn't live under my bed, does he? Plus also, he doesn't put my head in his mouth." William slided his chair away some more.

4. A   Then me and my other bestest friend named Grace runned to the bus together. "Grace! Grace! Guess what? There's no such things as monsters! And so I don't even have one under my bed, probably. Right, Grace? Right?"

5. B   "No, Grace! No! Do not say that! Do not say a monster might live under my bed! 'Cause that cannot even be true. Or else I would have spotted that guy by now!" "No, you wouldn't," she said. "My big sister said that monsters can turn theirselves invisible when you look at them. And so that's how come nobody ever sees them."

Chapter 3

1. A   "Why don't you go change your clothes?" she said. "Then you and I will make some popcorn. And you can tell me all about your day. How does that sound?" Just then, my whole face got happy. 'Cause popcorn is my most favorite thing in the whole wide world! "Hurray!" I shouted. "Hurray for popcorn!" I ran right to my room. Then I took off my shoes and socks. And my feet did a happy dance on the floor. It was called the Happy Feet Popcorn Dance.

2. B   "GRANDMA MILLER! GRANDMA MILLER! COME QUICK! I NEED YOU!" I shouted. Grandma Miller flied to my room. Then she picked me up.

And she hugged me real tight. "What on earth is the trouble?" she asked. She sat down with me on my bed. "NO, GRANDMA! NO! NO! WE CAN'T SIT HERE!"

3. D "No, Junie B. Please. We're not going to go through this monster business again, are we? We've talked about monsters before, remember? We decided that there are no such things as monsters."

4. D Grandma Miller did a big breath. Then she went to the kitchen. And she brought back my daddy's flashlight. She shined it under my bed. "No monster, Junie B. None. I don't see one single monster under this bed," she said.

5. C "Why don't we forget about the monster for now, and we'll go make popcorn. You can talk to your mother about this when she gets home. I bet Mother will know exactly what to do."

Chapter 4

1. C Mother sat down at the kitchen table. And she lifted me onto her lap. Then she said that Paulie Allen Puffer was just trying to scare me. Plus that Grace didn't know what she was talking about. "There is no monster under your bed, Junie B. I promise you. Monsters are not real," she said.

2. A "Oh boy!" I said. "Oh boy! 'Cause hamburgers are my most favorite things in the whole wide world! Plus also I like pasketti and meatballs." After that, me and Daddy went outside. He got a flipper for the hamburgers. Then he gave me a flipper, too. 'Cause I am old enough, that's why. I runned all over with that thing. I flipped a rock and a flower and a dirt ball. Plus also, I flipped a dead lizard I found in the driveway.

3. C Daddy rubbed his tired eyes. "There's no monster, Junie B. There is nothing to be afraid of," he said. Then he kissed me. And he went out of my room. And Mother went with him. I quick got out of bed and followed those two.

4. D Then I tippy-toed to my baby brother's room. And I climbed into his crib. It was very crowded in there. That's how come I had to get out and put baby

Ollie on the floor. Then I climbed in his crib again. And I pulled up the blanket all warm and cozy.

5. B   Daddy tucked in my sheets. "There. Now good night." "Yeah, only get my teddy. Okay, Daddy? Plus also get my Raggedy Ann named Ruth. And my Raggedy Andy named Larry. And get my stuffed elephant named Philip Johnny Bob." Daddy got all those guys for me. He tucked them in my bed.

Chapter 5

1. B   Daddy started to snore. "Oh no," I said. "Now he won't even be awake to save me if the monster comes."

2. B   "Tickle! Tickle! I am so glad to see you! 'Cause now you can protect me from the monster! And so why didn't I think of this before?"

3. D   He put his paws on Raggedy Larry. And chewed his red hair. "No, Tickle! No! No!" I said. Just then, Tickle springed over me. And he landed on my elephant named Philip Johnny Bob. He holded him by his trunk. And shaked that guy all around.

4. C   I thought about what to do. Then—all of a sudden—I picked up all my friends in my arms. "We have to make a run for it," I told them. "We have to sleep with Mother and Daddy tonight. 'Cause we will be safe with them. Plus they won't even know we're there probably. 'Cause their bed is the size of a king."

5. A   I ran to Mother and Daddy's room. They were sleeping and snoring. "Shh," I said to Raggedy Larry. "Shh," I said to Philip Johnny Bob. Then all of us crawled down the middle of their bed. And we sneaked under their covers. Only too bad for me. 'Cause Mother rolled right over on Philip Johnny Bob's trunk. And it waked her right up. She turned on the light. I did a gulp. "Hello. How are you today? Me and my friends are sleeping here. 'Cause we didn't think you'd mind, probably." Mother carried me back to my room zippity quick.

Chapter 6

1. D The next day at school, I was pooped and tired. I opened one eye with my fingers. And I drawed a picture for art. It did not turn out that professional. After that, I holded up my head with my hands. And I waited for school to be over.

2. B "Darn it, Grace. I wish you never even told me that monsters can turn invisible. 'Cause now I can't even close my eyes at night." "I can," said that Grace. "That's because I don't have a monster under my bed anymore. My mom figured out how to get rid of it."

3. D Grandma Miller came to my door. I told her all about how to get rid of the monster. And guess what? She was a good sport about it! First, she plugged the vacuum cleaner right into my wall. Then she put it under the bed. And she sucked the monster right out of there! "HURRAY! HURRAY! YOU GOT HIM! YOU GOT THE MONSTER, GRANDMA!" I yelled real thrilled. Grandma Miller runned with the bag to the kitchen. And she throwed it in the trash can.

4. A "Yeah, only here's the problem, Grandma. You didn't actually put the bag in the trash compactor. And that is what turns the monster into a flatso." Grandma Miller smiled. "Yes, but this house doesn't have a trash compactor, Junie B.," she said. "Your monster will just have to stay in the vacuum cleaner bag." My frown got bigger.

5. C She grabbed the vacuum cleaner bag and ran outside. Then she put it on the driveway. And she got in her car. And she backed up over that thing with her tires. Pretty soon, she came back in the house. She brushed her hands together. "There! Now he's a flatso!" she said kind of growly.

Chapter 7

1. A That was the night when the worst thing of all happened. 'Cause I accidentally sleeped too much. And the monster must have crawled on my bed. 'Cause in the morning there was drool on my pillow! I screamed very loud when I felt it. "HELP! HELP! THERE'S DROOL! THERE'S DROOL! I

TOLD YOU THIS WOULD HAPPEN! I TOLD YOU THE MONSTER WOULD COME!"

2. B "Everyone drools on their pillow sometimes," she said. "It doesn't mean you're a baby. Your mouth just opens when you're sleeping. And you drool a little bit. It's no big deal. And it is not from monsters!"

3. D "Lucille! Look how gorgeous they are! They are the gorgeousest pictures I ever saw!" I said. Lucille fluffed her fluffy dress. "I know it. I know they are gorgeous. That's just how I look, Junie B. I can't even help it."

4. C Just then, Mrs. bended down next to me. And she smoothed my hair. "Junie B., honey? You might want to have your pictures taken again," she said kind of quiet.

5. B I sneaked a peek at those things. My stomach felt sickish inside. "I look like I smelled stink," I said. I quick tried to hide my pictures. But Lucille grabbed them away from me. "Eeew! Gross!" she said. "Junie B. looks gross!"

Chapter 8

1. C "I hate these ugly, dumb things!" I said very furious. "These are the ugliest dumb pictures I ever even saw!" I leaned over the edge and holded a picture down there. "See this? See this, you stupid monster? This picture is just as scary as you! And so maybe I might put it right under my bed! And it will scare your whole entire pants off!"

2. D Just then, I sat up very straight. 'Cause that might be a good idea I just thought of! I quick found my scissors. Then I cut my school pictures apart from each other. And I shoved them right under my bed.

3. C Mother looked curious at me. She bended down and picked up a picture. Her mouth did a gasp. "Oh my," she whispered. I clapped and clapped. "I know they are oh my! That is why I put them under my bed! Get it, Mother? Get it? Now my scary face will be down there all the time! And so that monster already got scared away, I bet!"

4. B "I know they are oh my! That is why I put them under my bed! Get it,

Mother? Get it? Now my scary face will be down there all the time! And so that monster already got scared away, I bet!" All of a sudden, Mother started to laugh. Then I started to laugh, too.

5. A Plus here's another happy thing. 'Cause this morning there was more drool on my pillow. Only I am not that worried. 'Cause it was from Raggedy Ruth, I bet. Or else maybe it was from Philip Johnny Bob. Or maybe it was even from me. But that does not mean I'm a baby. 'Cause everybody drools on their pillow once in a while!

주니 B. 존스의 침대 아래에는 괴물이 산다
(Junie B. Jones Has a Monster Under Her Bed)

초판 발행 2022년 3월 4일

지은이 Barbara Park
편집 유아름 정소이
콘텐츠제작및감수 롱테일북스 편집부
번역 기나현
저작권 김보경
마케팅 김보미 정경훈

기획 김승규
펴낸이 이수영
펴낸곳 롱테일북스
출판등록 제2015-000191호
주소 04033 서울특별시 마포구 양화로 113(서교동) 3층
전자메일 helper@longtailbooks.co.kr
(학원·학교에서 본 도서를 교재로 사용하길 원하시는 경우 전자메일로 문의주시면
자세한 안내를 받으실 수 있습니다.)

ISBN 979-11-91343-15-1 14740